KB097810

위대한 셰프의 생각법

> > > > 결국 성공하는 사람들의 마인드셋 < < < <

위대한 셰프의 생각법

> > 김한송 지음 < <

언폴드

일러두기

- 이 책은 작가가 2023년 3월에서 9월까지 여섯 명의 셰프들을 직접 만나 인터뷰한 내용을 바탕으로 집필했습니다.
- 본문 사진은 작가가 인터뷰를 하며 촬영하거나 각 셰프들에게 직접 제공받아 사용했습니다.

성공한 사람들은 모두
끝까지 포기하지 않은 사람들이다.

마음을 움직이는 맛은
어떻게 탄생하는가

인생에서 꼭 해내고 싶은 일이 있다면 그 일을 앞서 해낸 사람에게 배우는 것이 가장 빠른 방법이다. 길이 되어준 이들의 이야기를 통해 한발 더 나아갈 힌트를 얻을 수 있다.

10여 년 전, '맛이란 무엇인가'라는 질문에 대한 답을 찾기 위해 대한민국을 대표하는 최고의 셰프들을 만나 이야기를 나누었다. 맛이란 무엇인지에 대한 답을 얻는다면 내가 요리를 하는 궁극적인 목적에 더 가까이 다가갈 수 있을 것 같았다. 셰프들은 젊은 셰프의 당돌한 요청에 기꺼이 응해주었고, 나는 그들의 요리 인생을 통해 진정한 요리사의 자세와 철학을 배웠다(소중한 메시지들은 글로 옮겨《셰프의 노트를 훔치다》를 출간했다).

어느덧 시간이 흘러 개인적으로나 식문화 전반에 다양한

변화가 있었고, 나는 다시 각 분야 최고의 셰프들을 만나 질문했다. 내가 만난 여섯 명의 셰프들은 이미 자신의 영역에서 정점에 이른 분들이지만 매일매일 더 나은 맛을 위해 도전하며 매 순간 진지하게 더 배우기 위해 노력하고 있었다. 나는 그들의 내밀한 이야기를 들으며 내가 그동안 얻은 답들을 확인했고 많은 영감과 지혜를 얻었다.《위대한 셰프의 생각법》은 바로 그 결과물이다.

뉴욕에서 가게를 운영 중인 나는 1년에 몇 번씩 한국과 뉴욕을 오가며 강연을 하고 있다. 한 고등학교에서 강연을 마치고 나오는데 학생 한 명이 나를 붙잡으며 물었다.

"요리사가 되고 싶은데 어느 요리학교가 좋을까요? 뉴욕에 있는 학교와 파리에 있는 학교, 두 곳을 두고 고민 중이에요."

순간 머리가 멍해졌다. '요리사가 되기 위해서는 요리학교에 진학해야 한다'라고 생각하는 게 안타까웠기 때문이다.

요리하는 사람이 되고 싶다면 먼저 '맛있게 요리하는 법'을 꿈꿔야 한다. 하지만 많은 학생들이 '어떤 요리사가 되어야 하는가'보다 어느 요리학교에 가야 하는지, 어떤 자격증을 따야 하는지를 더 중요하게 묻곤 한다. 꼭 유명한 요리학교를 나와야 요리사가 될 수 있는 건 아니다.

나만의 맛을 선보이는 삶을 살고 싶다면 겉으로 보이는

스펙보다는 꾸준히 더 나은 맛을 위해 고민하는 자세가 필요하다. 이를 위해 가장 중요한 건 자신이 하는 일에 대한 '본질'을 잊지 않는 것이다. 요리에 있어 본질은 맛을 위해 '기본을 지키는 일'이다. '기본'은 거친 세상을 흔들리지 않고 버텨낼 수 있는 큰 버팀목이 되어준다. 유명 학교의 졸업장이나 영어 레시피, 멋들어진 조리복, 화려하게 꾸며진 메뉴가 핵심은 아니다.

이제는 발전된 기술 덕분에 클릭 몇 번이면 전 세계 거의 모든 레스토랑에서 어떤 음식을 선보이는지 볼 수 있다. 과거 자신만의 독특한 레시피 하나만으로도 생존이 가능하던 시대에서, 시간의 경계가 허물어진 것이다. 너나 할 것 없이 많은 이들이 정보를 발 빠르게 스캔해 활용한다.

하지만 요리사의 철학이 담겨 있지 않은 음식의 수명은 짧다. 다른 레스토랑과 차별화해 어떤 새로운 요리를 만들지, 어떻게 자신만의 브랜딩을 해나갈지를 고민하지 않고 단순히 복제만 한다면 결국 그 이상의 것을 상상하지 못하게 된다.

셰프란 삶의 가장 치열한 현장에서 자신과 싸우며 답을 찾는 사람들이라고 생각한다.《위대한 셰프의 생각법》에는 자신의 한계를 넘어 정상에 선 셰프들이 일궈낸 요리 인생의 결정적인 순간들이 담겨 있다. 오랜 시간 묵묵히 자신의 맛을 만들기 위해 분투해온 셰프들을 인터뷰하는 내내 나는 많은 울림을 느꼈다.

요리는 인생이다. 안효주 셰프의 말처럼 '요리사에게 결승점은 없다'. 하루하루의 지루한 반복은 분명 큰 물결이 되고, 원하는 일을 해내기 위해 애쓰고 노력한 시간은 반드시 돌아온다. 이렇게 한다고 뭐가 달라질까 했던 순간들이 결코 헛되지 않는다는 것을 위대한 셰프들이 알려주었다.

어떤 음식이든 요리하는 사람의 마음이 담긴다. 요리사도 한 명의 사람이기에 살다 보면 좋은 날도 있고, 안 좋은 일이 한꺼번에 몰려와 지치는 날도 있다. 그럼에도 불구하고 자신이 만들어내는 한 그릇의 음식에, 한 잔의 술에 인생을 담아내는 셰프들의 생각과 일에 대한 태도가 셰프가 되길 꿈꾸는 사람들은 물론, 오늘도 꿈을 이루기 위해 땀 흘리는 많은 이들에게 큰 응원이 되리라 믿는다.

누구나 자신의 전성기가 언제인지 모른다. 지나고 나서야 그때를 돌아보며 후회하거나 아쉬워한다. 그러니 늘 최선을 다하려 노력해야 한다. 이 책을 쓰면서 최선을 다했던 나의 마음이 독자들에게도 전해지기를 바란다.

끝으로 이 책이 세상에 나올 수 있도록 흔쾌히 인터뷰해 주신 여섯 분의 셰프님들께 다시 한 번 감사의 말씀을 올린다. 사랑하는 아내, 항상 머나먼 미국에 있는 아들을 걱정해주시는 부모님과 형, 하늘에 계신 메이 킴 선생님, 그리고 이 책이 세상에 나오기까지 많은 도움을 주신 언폴드 출판사에도 진심으로 감사드린다.

김한송

차례

02

사소한 반복의 힘이
최고의 맛을 만든다 | **안효주**

03

아무것도 하지 않으면
아무것도 이루어지지 않는다 | **조희숙**

04

일하는 태도에 따라
성장의 크기는 달라진다 | 신종철

05

애쓰고 노력한 시간은
반드시 돌아온다 | 홍상기

06
위대함에 이르는
지름길은 없다 | 이기숙

01

땀으로 쌓은 경험은
결코 사라지지 않는다

이연복

목란 오너셰프
어릴 적부터 여러 중국집을 거치며 요리사의 길을 걷게
되었다. 열일곱 살에 명동 사보이 호텔 호화대반점에
들어갔고, 스물두 살에 주한 대만 대사관에 최연소 주
방장이 되어 8년간 일했다. 이후 일본 오사카로 건너가
다양한 요리 경험을 쌓았고, 1999년 한국으로 돌아와
목란(木蘭)을 열었다.

．
．

2007년 늦여름의 어느 날, 나는 이연복 셰프를 인터뷰하기 위해 목란으로 들어섰다.

당시 목란은 강북 삼성병원 뒤편, 대로변에서 조금 떨어진 곳에 위치하고 있었다. 갈색 나무 느낌의 인테리어는 여느 가게와 다르지 않았지만 들어서자마자 내 눈에 가장 먼저 들어온 건 만두였다. 점심 장사가 끝난 시간, 테이블 위갓 쪄낸 만두에서 모락모락 김이 나고 있었다.

나는 궁금증을 참지 못하고 본격적으로 인터뷰를 시작하기도 전에 이연복 셰프에게 질문을 쏟아냈다.

"저녁시간에 사용할 만두들인가요? 매일 이렇게 많이 만드세요? 왜 만두를 한 번에 다 쪄내나요?"

"아, 이거? 우리는 만두를 한 번 쪄낸 다음, 기름 솥에서 한

면만 튀겨 내거든. 그러면 아래는 바삭하고 윗면은 야들야들하게 되는 거야. 몇 개 먹어볼래?"

이연복 셰프는 나에게 잠깐 기다리라고 하더니 주방으로 들어가 재빨리 만두 다섯 개를 튀겨 왔다. 짬뽕 한 그릇도 함께였다.

"인터뷰하기 전에 밥은 먹고 해야지. 다 사람이 하는 일인데."

그날 인터뷰는 편안한 분위기 속에서 진행되었고, 이연복 셰프와는 지금도 인연을 이어가고 있다. 이후 이연복 셰프는 대한민국 모든 사람이 아는 스타 셰프가 되었고, 그의 따듯한 배려는 그때나 지금이나 별반 다르지 않다.

목란이 연희동으로 자리를 옮기고 나서도 여러 번 방문했지만 처음 목란에 갔을 때 보았던 풍경은 아직도 잊혀지지 않는다. 대부분의 식당들은 브레이크 타임을 휴식시간으로 활용하지만 목란의 브레이크 타임은 목란만의 특별한 맛을 만드는 가장 바쁘고 중요한 시간이었다.

만두 하나에도 정성을 다하는 이유

"피가 너무 얇아. 이러면 금방 속이 터져버려. 이건 속에 배추가 너무 뭉쳐 있네. 이러면 만두에서 물이 나와서 맛이 없어. 다시 만들어!"

"셰프님, 이제 만두 정도는 사서 쓰면 안 될까요? 만두 만드는 데만 손이 너무 가요. 이렇게 만들어도 판매할 양으론 부족하고요. 만두잖아요. 다른 데는 다 사서 쓴대요."

"간단하고 흔하게 생각하는 음식이어도 최선을 다해 만들면 손님들에게 인정받을 수 있어. 특별한 것을 만들어야 특별해지는 건 아니야."

목란의 주방에서는 만두 때문에 이연복 셰프와 직원 사이에 신경전이 펼쳐지곤 했다. 산더미같이 만두를 만들어도 순식간에 사라지니 웃을 수도 울 수도 없는 상황이었다. 목란의 만두가 맛있다고 소문이 나자 만두만 구매해 가는 손님이 줄을 이었다.

일반적으로 중식당의 만두라고 하면 '서비스'를 떠올린다. TV나 영화에서도 "만두 하나 서비스요" 혹은 "많이 시켰는데 만두 서비스 안 주세요?"라는 말이 자연스럽게 나올 정도로 너무나 익숙한 표현이다.

사람들은 맛있는 만두를 먹고 싶어 하면서도 만두의 가치에 대해서는 평가 절하하곤 한다. 이런 인식 때문에 직접 소를 만들고 피를 반죽해 만두를 만드는 중식당은 점차 사라지고 있다. 대신 값싼 냉동만두가 손님들을 만족시키는 중이다.

만두도 하나의 완벽한 음식이다. 하지만 '완벽한 만두'를 만들기란 여간 까다로운 것이 아니다. 까다롭다기보다는 '수고롭다'라는 표현이 더 적합할 것이다.

이연복 셰프가 목란을 처음 운영할 때는 만두를 판매하지 않았다. 그러다 평동 목란 시절, 매출이 저조하던 시기에 만두를 만들기 시작했다. 가지고 있는 식재료를 활용해 수익을 극대화할 수 있는 메뉴, 많은 사람들에게 친숙하고 익숙한 메뉴 중 생각해낸 것이 바로 만두였다.

다만 일반적인 만두를 만들고 싶지는 않았다. 목란을 찾는 사람들에게 목란에서만 맛볼 수 있는 특별한 맛을 전하고 싶었다.

사실 누구나 아는 맛이기에 맛있게 만들기가 정말 어렵다. 만두피와 소, 이 두 가지가 잘 어우러져야 하는데, 이연복 셰프는 쫄깃한 반죽과 더불어 소에 들어가는 고기와 배추의 비율을 잘 조절했다.

만두를 찾는 손님이 늘자 브레이크 타임이 되면 전 직원이 달라붙어서 만두를 빚었다. 누가 시키지 않아도 당연히 해야 하는 일이었다.

맛있는 만두를 만들려면 만두를 어떻게 익히는지도 굉장히 중요하다. 만두를 한입 베어 물었을 때 만두피가 바삭거려야 하고, 육즙 가득한 만두소가 입안을 가득 채워야 한다.

이연복 셰프는 만두를 찔 때 배추를 아래에 깐다. 만두가 바닥에 들러붙지 않으면서 자연스럽게 배추 향이 배어 풍미를 더하는 두 가지 효과를 모두 잡았다.

이렇게 수고스럽게 만든 만두는 한 번 쪄낸 다음, 보관했다가 주문이 들어오면 살짝 튀겨서 나갔다. 저장 공간에 제약이 있어 만들 수 있는 양이 딱 정해져 있었다. 많이 만들어 놓을 수 없으니 매일 만들어야 했다.

이처럼 만두를 만드는 일은 단순하지만 어렵다. 반죽을 치대고 얇게 밀어 만두피를 만드는 것부터 적당한 양의 소를 떠서 싸고 익히는 모든 과정에 만드는 사람의 정성이 들어간다.

눈으로 보기에 화려하고 질 좋은 재료를 많이 올려내 특별한 맛을 만들 수도 있다. 하지만 진정한 내공을 갖춘 요리사는 잘 만든 만두처럼 소박한 재료로도 모든 요소를 적절

"특별한 것을 만들어야
특별해지는 건 아니야."

히 배합하고 조절해 특별한 맛을 만들어낸다.

　요즘 사람들은 트렌디한 아이디어나 상품으로 빠르게 성
공하고 싶어 하지만 자극적이고 튀는 것을 만든다고 매번
사람들에게 큰 반응을 얻는 건 아니다. 당장의 결과물에 대
해 조급해하지 않고 한 걸음씩 나아가다 보면 자신도 모르
는 사이에 꽤 멀리 왔다는 것을 깨닫는 순간이 온다. 이렇게
묵묵히 쌓아올린 노력의 결과는 한 번에 무너지지 않는다.
잠시 흔들려도 더 힘차게 질주할 동력을 금방 찾을 수 있다.

(현재 목란에서는 만두를 판매하고 있지 않지만 이연복 셰프는 많은 고객들이 사
랑해준 만두만을 위한 브랜드를 런칭할 예정이다.)

> 계속 노력해야 한다. 우리는 모두 성장하고 있다.
> 지름길은 없다. 방문객을 확보하려면 시간을 들여야 한다.
> ― 존 그루버

기회는 망설일 시간을 주지 않는다

이연복 셰프는 어릴 때부터 요리사가 되겠다고 마음먹은 것
은 아니었다.

　1959년 서울 왕십리, 이연복 셰프는 화교 집안에서 태어

났다. 어린 시절 외할아버지가 중식당을 운영하셨는데, 동네에서 맛집으로 소문이 난 덕분에 집안이 유복했다. 하지만 이런 시기도 잠시, 외할머니가 돌아가시면서 모든 것이 변한다.

외할머니를 잃은 슬픔이 매우 컸던 외할아버지는 주방 일과 경영에 집중하기 어려웠고, 결국 중식당은 문을 닫았다. 집안을 이끌었던 외할아버지의 빈자리는 컸다.

당시 이연복 셰프는 한국한성화교 소학교를 다니고 있었다. 이 학교는 화교들이 다니는 학교라 국가 지원금을 받을 수 없어 공립학교에 비해 학비가 비쌌다. 학교 선생님들은 학비를 내지 못하는 그를 칠판 옆이나 교실 앞에 세워놓고 면박을 주곤 했는데, 어린 마음에 큰 상처가 되었다. 학교에 가도 친구들의 시선 때문인지 재미가 없었고, 그러다 보니 학교를 그만두고 싶은 마음이 커졌다.

"어머니, 저 이제 학교 그만 다닐래요. 식당에서 일하면서 돈을 벌겠습니다."

초등학교 6학년이었던 그해 여름, 어린 이연복은 좁은 학교를 벗어나 일찍 세상에 나왔다. 그 시절, 화교 신분으로 선택할 수 있는 일은 그리 많지 않았다. 형편이 어려워 주방 일을 선택하기는 했지만 대부분의 화교들이 중식당을 운영하거나 중식당에서 일했다. 어린 이연복은 먼 미래를 위해 계획하거나 판단할 수도, 망설일 시간도 없었다. 주위 사람들이 하던 것처럼 물 흐르듯 자연스레 중식당에서 일하게 되었다.

외할아버지 가게에서 주방 일을 곁눈질로 본 적은 있어도 실제로 주방이 어떻게 돌아가는지, 어떤 일을 어떻게 하는지 잘 몰랐던 그는 닥치는 대로 일을 배웠다.

중식당에서 처음 맡은 일은 배달이었다. 지금은 중국 음식을 배달할 때 사각 알루미늄 철가방이나 플라스틱 배달통을 사용하지만 당시만 하더라도 뚜껑 없는 무거운 나무통을 사용했다. 음식을 포장하는 랩도 없던 시절이었다. 짬뽕처럼 국물이 담긴 음식을 나무통에 넣고 배달을 가면 아무리 조심해도 국물이 흘러 손님에게 핀잔을 듣곤 했다.

"야! 국물 다 쏟아졌잖아! 이거 어떻게 할 거야!"

점심시간에는 배달이 늘 밀려 있어 마음이 급해지는 건 어쩔 수 없었다. 엘리베이터가 없는 4~5층 건물에서 주문하기라도 하면 더 힘들었다. 계단을 오르락내리락하며 나무통이 흔들리지 않도록 힘을 꽉 주고 배달하다 보니 온몸이 땀범벅이 되었다.

'어떻게 하면 국물을 쏟지 않고 배달할 수 있을까?'

오로지 어떻게 해야 음식을 잘 배달할 수 있을지만 생각했다. 그가 시작한 첫 번째 집중이었다. 별것 아닌 일일 수도 있

지만 어린 이연복은 자신에게 주어진 일을 완벽하게 해내고
싶었다.

어느 날, 짬뽕 한 그릇을 배달하던 때였다. 나무통에 한
그릇만 담겨 있으니 무게가 가벼워 나무통을 조금씩 흔들며
갔는데, 배달지에 도착해 확인해보니 국물이 거의 흐르지 않
은 게 아닌가! 국물이 찰랑찰랑거리는 반동을 활용한 덕분
이었다. 그동안 요령 없이 나무통을 힘겹게 들고 다녔는데
놀라운 발견이었다. 이후 여러 그릇을 배달할 때도 미세한
반동을 주며 움직이니 훨씬 더 깔끔하게 배달할 수 있었다.

골프를 처음 배우는 사람이 가장 자주 듣는 말이 "힘 빼고
쳐!"라고 한다. 스윙할 때 힘이 과하게 들어가면 오히려 공
이 잘 맞지 않기 때문이다. 몸에 힘을 빼고 그립을 자연스럽
게 잡은 후, 반동을 이용해 마지막 순간 공을 쳐야 가장 완벽
한 스윙을 만들 수 있는 것처럼 이연복 셰프는 모든 일을 힘
으로만 해서는 되지 않는다는 것을 스스로 깨달았다.

배달 일은 그저 음식을 갖다주고 그릇을 수거해오는 데
그치지 않았다. 배달을 다녀오면 매번 나무통에 떨어진 음
식물과 국물을 닦아내고 나무통에 냄새가 배지 않도록 관리
했다.

이렇게 일하고 받은 월급은 고작 3,000원이었다. 어린 나

이에 하기 쉽지 않은 일이었지만 그는 포기하지 않았다. 가게 주인이 혼을 낼 때마다 이를 악물고 견뎠다. 처음엔 대들기도 했다. 하지만 시간이 지나면서 나무통을 부드럽게 흔들면서 배달해야 한다는 걸 터득한 것처럼 유연하게 버틸 수 있는 힘이 생겼다.

"철가방으로 바뀌고 나서 얼마나 편했는지 몰라. 국물이 넘쳐도 슥슥 닦아낼 수 있잖아. 플라스틱 랩이 생겼을 때도 정말 편했어."

남들이 보기에는 평생 화려한 스포트라이트만 받으며 일했을 것 같은 이연복 셰프지만 일찍 일을 시작해 거친 주방 일을 몸으로 부딪히면서 배우고 익히며 자신을 단련하고 연마했다. 사소한 일에도 남모르는 노력을 기울이며 죽을 힘을 다해 일한 시간이 있었기에 탄탄한 실력과 훌륭한 인품, 풍요로운 인생을 완성할 수 있었던 것이다.

세계적인 영화감독 웨스 앤더슨Wes Anderson의 영화 〈기상천외한 헨리 슈거 이야기〉에서 주인공은 눈을 가리고도 앞을 볼 수 있는 능력을 얻는다. 이 능력으로 도박장에서 남의 패를 읽고 쉽게 승리하지만 이런 일이 반복되면서 삶의 의

미와 재미를 잃고 만다.

지금 당장은 더디 성장하는 게, 힘든 상황이 괴롭기만 하지만 이 시간을 건너뛰거나 회피하면서 삶을 채울 수는 없다. 살다 보면 어쩌다 한 번의 운으로 쉽게 얻을 때도 있다. 하지만 이런 운이 계속 일어나지는 않는다. 성실하게 일하면서 내 것을 성취해가는 과정이야말로 단단한 인생을 만드는 가장 중요한 밑거름이다.

나도 한때 전국 각지에서 진행되는 요리대회에 나가 20여 개의 상을 휩쓴 적이 있다. 내가 참여한 요리대회들은 내가 준비한 재료와 레시피로 경합하는 일반적인 요리대회가 아니었다. 지역 특산물로 현장에서 바로 레시피를 짜고 요리를 해서 평가를 받았다.

매달 두 개 이상의 요리대회에 참가했는데 남들이 봤을 때는 요리대회를 쫓아다니며 상금을 휩쓰는 젊은 요리사로 보였을 수도 있다. 하지만 당시 나는 호텔을 그만두고 야생으로 나와 스스로 나의 가치를 증명해야 하는 절박한 시기였다. 회사에서 안정적인 월급을 받으며 일하다 조직을 벗어나 돈을 벌어야 하는 시기에 내가 선택할 수 있는 최선의 방법은 요리대회에 출전하는 것이었다.

전국을 누비며 낯선 재료로 즉석에서 요리를 하는 일은 쉽지 않았다. 한정된 시간 안에 재료를 파악하고 레시피를 정리해 퀄리티 있는 요리를 해내려면 무엇보다 기본기가 탄탄해야 한다. 대회를 대비해 다양한 식재료를 다뤄보면서 어떤 재료가 나와도 당황하지 않고 좋은 레시피를 떠올릴 수 있도록 악착같이 준비했다. 요리대회에서 상금을 받지 못하면 내가 하고 싶은 일이나 활동할 수 있는 영역이 줄어들기 때문이었다. 다만 한 번 나간 대회는 절대 다시 출전하지 않았다.

'같은 대회에 두 번 나가지 말자. 그러면 정말 꾼이 되는 거니까.'

이는 나 자신과의 약속이었다. 그렇게 나는 매 대회마다 내가 할 수 있는 모든 것을 쏟아부었다. 요리대회를 여는 주최 측에서 오히려 부담을 느낄 정도로 준비해 대회에 임했다.

1년이 지난 후, 나는 전국 20여 개 대회를 거의 모두 휩쓸었다. 스스로 도전하고 힘든 상황에 뛰어들었기에 더 절실했고, 좋은 결과를 얻을 때마다 보람이 있었다. 뉴욕이라는 낯선 도시에서 자리를 잡을 수 있었던 것도 이런 경험들이 밑바탕이 되어 큰 용기를 낼 수 있었던 게 아닌가 싶다.

묵묵히 쌓아올린 노력의 결과는
한 번에 무너지지 않는다.
잠시 흔들려도 더 힘차게 질주할 동력을
금방 찾을 수 있다.

당당하게 말하고 적극적으로 도전하라

지금이야 다양한 중식이 널리 알려져 있고, 고급 중식당이 즐비하지만 당시만 하더라도 고급 중식당이 많지 않았다. 여러 곳의 중식당을 전전하며 일하던 이연복 셰프에게 1979년, 본격적인 중식 셰프의 길로 접어드는 기회가 생긴다.

"명동 사보이 호텔에 '호화대반점'을 오픈하는데 나와 함께 일해볼 사람 있나?"

어느 날, 하늘같이 높은 선배가 제안했다. 이 말을 듣자마자 이연복 셰프의 가슴이 뛰기 시작했다. 호화대반점은 우리나라 최초로 호텔 내에 오픈하는 중식당이었기 때문이다. 당시 주방에서는 한 살이라도 나이 많은 선배들 앞에서는 말도 함부로 할 수 없는, 서열을 엄격하게 따지는 무서운 분위기였다. 이연복 셰프는 이제 겨우 식재료를 다루는 초급 셰프에 불과했지만 둘도 없을 기회를 잡고 싶었다.

"선배님, 제가 해보고 싶습니다!"

이 한마디로 이연복 셰프의 인생은 달라진다. 나이는 어렸지만 손이 빠른 이연복 셰프를 눈여겨보던 선배는 그를 호화대반점으로 데리고 간다. 기존 중식당에서는 주방 일을 손대중으로 익혔던 것과 달리, 호화대반점에서는 체계적으로 요리를 배울 수 있었다. 반죽을 칠 때 들어가는 정확한 물의 양, 시간, 타이밍까지 모든 것이 레시피로 정리되어 있어 이를 처음 접해본 이연복 셰프는 스펀지가 물을 빨아들이듯 엄청난 속도로 성장한다.

'자장 소스에는 전분을 500그램만! 너무 많이 넣으면 뻑 뻑하게 되어버리네.'
'양파를 썰 때는 결과 반대로!'
'짬뽕 국물을 만들 때는 해물을 넣는 순서와 타이밍을 잘 맞춰야 하는구나!'

이때도 아침부터 저녁까지 주 6일 일하는 건 기본이었고 하루 일과를 마치면 녹초가 되었다. 하지만 이연복 셰프는 일반 중식당에서와는 다른 경험을 쌓으며 일에 희열을 느 낀다.

"글쎄, 어려서 그랬는지 일하면서 몸이 힘들다고 생각한 적은 없었어."

새로운 요리를 배우며 그의 강한 호기심은 깨달음으로 이 어졌고, 매일 아침 일찍 출근해 주방에 살다시피 했다. 호화 대반점에서의 경험은 훗날 이연복 셰프가 중식 요리를 완성하는 데 중요한 역할을 한다.

우리는 하루 중 가장 많은 시간을 일하는 데 쓴다. 인생의 절반이 넘는 시간을 일터에서 보내는데 자신이 하고 있는 일에서 아무런 의미를 찾지 못한다면 그저 일을 습관처럼 하는, 무의미하게 보내는 셈이다. 매일 아침 눈을 비비며 일어나 일터로 향한 뒤, 그저 늦게까지 잠을 잘 수 있는 주말을 기다리는 생활을 반복하는 것은 일의 진정한 의미를 외부에서 찾기 때문이 아닐까? 그저 돈을 벌기 위해, 누군가를 위해 일을 해준다고 생각하며 일한다면 어떤 일을 하든 고달플 수밖에 없다.

나는 미국에서 두 곳의 식당을 운영 중이다. 일이 많은 날, 새벽에 출근하는 것은 부지기수다. 어떤 날은 새벽 3시가 조금 넘은 시간에 일어나 가게에 나간다. 가끔 새벽 버스를 타고 출근할 때면 버스에 타고 있는 사람들에게 동질감을 느낀다. 각자 하는 일은 다르지만 함께 일터로 향하는 동지들 같다.

이게 어디 나만의 생각이겠는가? 다들 졸린 눈을 비비고 있지만 마음 한편에는 같은 생각을 할 것이다. 가게에 도착해서 한참 일을 하고 나면 그제야 해가 뜨고 바삐 직장으로 향하는 사람들이 보인다.

하루라는 시간을 조금 더 보람차게 사용하는 삶. 나의 전성기는 지금 이 순간이라고 생각하기에 지금 해야 할 일을 미룰 수가 없다. 지금이어야 할 수 있는 일이기에 최선을 다해 나를 소비하고, 다가올 미래에 하고 싶은 일들이 있기에 꾸준히 일하며 미래를 기다린다.

꿈을 위해 오늘 하루를
얼마나 진지하게 살고 있는가

"혹시 대만 대사관에서 일해볼 생각 있어?"

사보이 호텔에서 일할 당시, 한 선배 요리사가 대만 대사관에서 요리사를 뽑으니 지원해보라고 했다.

"대사관이라면 최고의 요리사들이 일하는 곳인데 제가 할 수 있을까요? 저보다 훨씬 더 훌륭한 요리사들이 있을 텐데요."

"너 음식 맛있게 하잖아. 너 정도면 충분히 할 수 있어. 좋은 기회니 한번 지원해봐!"

작은 중식당에서부터 규모가 큰 호텔 중식당까지 요리 경험을 제법 쌓은 그였지만 최고의 요리사들이 지원하는 대사관 주방장 자리에 도전해보는 것만으로도 벅차올랐다.

1차 서류를 보낸 후, 별다른 소식이 없어 당연히 떨어졌다고 생각했다. 그도 그럴 것이 요리사 한 명을 뽑는데 50여 명이 지원했기 때문이다. 다행히 후보 10명 안에 들었고, 최종 3인에도 발탁되어 실기시험을 보게 되었다. 실기시험은 대사관 관계자들이 지켜보는 자리에서 실제 상황처럼 주문을 받아 요리를 해야 했다.

"뉴로미엔牛肉麵(대만식 우육면)과 루로우판滷肉飯(오향 돼지고기 덮밥)을 만들어주세요."
"갑자기 손님이 오신다고 하니 지파이鷄排(대만식 닭튀김)도 추가할게요."

대사관 관계자들은 요리에 베테랑인 그에게도 조금은 버거울 정도로 음식을 많이 요청했다. 대꾸할 겨를도 없이 이연복 셰프의 손은 바삐 움직였다. 이마엔 어느새 땀방울이 가득했다. 오직 요리에만 집중했다.
잠시 후, 대사관 측에서 요청한 모든 요리가 완성되었다.
"음식을 빠르게 잘 만드시네요. 훌륭해요! 합격입니다. 다음 주부터 대사관으로 출근하세요."

이연복 셰프는 최종 합격했다는 말에 환호를 지르며 대사
관을 뛰어나갔다고 한다. 자신보다 경력도 많고 훌륭한 중
식 셰프들을 제치고 당당하게 합격한 것이다. 지금까지 고
생한 시간을 다 보상받는 듯했다.

"한국 스타일의 중국 음식을 만들지 않았어. 중국 본토
　스타일의 음식을 만들어서 선택받은 것 같아."

차근차근 흘려온 땀방울은 절대 배신하지 않는다는 것을
다시 한 번 확인했던 그때, 이연복 셰프의 나이는 불과 스물
두 살이었다. 그는 대만 대사관 최연소 주방장이 되었다.
　이연복 셰프는 요리를 잘하고 싶다는 강한 일념으로 꾸준
히 노력해왔다. 각각의 과정은 사소했을지 모르지만 매 순간
최선을 다했던 노력들이 이연복 셰프를 성장시켜준 것이다.

전 메이저리그 야구선수였던 김병현은 그가 전성기를 누
린 팀이었던 미국의 애리조나 다이아몬드 백스의 레전드 행
사에 초대되었다. 행사를 마치고 야구장을 걷던 그는 월드
시리즈에서 우승했던 2001년이 떠올라 "그때가 전성기인
줄 모르고 시간을 흘려보냈다"라고 말하며 눈물을 펑펑 흘
렸다.

"나는 처음부터 요리를 잘했던 사람이 아니야.
요리를 해야 하는 상황에서
좀 더 요리를 잘하고 싶다는 마음으로
어떻게든 노력을 한 거지."

세계 최고의 야구선수들이 모인 빅 리그에서 스물한 살의 나이에 우승을 맛보았기 때문인지도 모른다. 은퇴를 하고 나서야 그 시간이 얼마나 소중했는지 보였다. 최고의 실력을 발휘할 수 있는 시간이 그때였다는 걸 알았다면 더 열심히 노력했어야 하는데 그러지 못한 데 대한 아쉬움이었다.

사람들은 늘 자신의 전성기는 아직 오지 않았고, 미래에 언젠가는 좀 더 안정적인 삶을 누릴 수 있으리라 막연하게 믿는다. 하지만 기대하는 삶을 위해 우리는 오늘 하루를 얼마나 진지하게 살고 있을까.

삶은 단 한 번뿐이다. 일상의 소소한 노력이 반복되어 성과가 되고 삶의 질이 향상된다. 그러니 끊임없이 노력해야 한다. 하루를 헛되이 보내지 말고 전력을 다해야 한다.

땀으로 쌓은 경험은 결코 사라지지 않는다

다양한 행사가 잦은 대사관에서는 실전 능력은 물론, 창의력과 근면함까지 요리사로서 갖춰야 할 모든 자질이 요구된다. 큰 연회만 잘하는 게 아니라 관련한 요소들을 잘 제어할 수도 있어야 한다. 대사 부부의 식사를 맛있게 만들어야 하는 건 기본이고, 대사관에서 열리는 크고 작은 행사 때마다 주제에 맞게 레시피에 변화를 주며 혼자 음식을 차려내야 했다.

오늘의 행사 메뉴

전채 요리: 개불 부추

메인 요리: 동파육

식사: 새우를 넣은 짬뽕

후식

"동파육이 참 부드럽네요. 어떻게 만들었죠?"

"맛있게 잘 먹었어요. 내일도 저녁에 여덟 분 식사 행사가 있어요. 잘 부탁합니다."

보통 대사관에서는 반찬 세 가지와 국물요리 한 가지는 무조건 함께 나가야 했다. 반찬도 중복되지 않게 계속 바뀌어야 하는 것은 당연한 일이었다. 종종 열리는 파티에는 여덟 가지 요리와 식사, 그리고 후식으로 이어졌는데 매번 새로운 파티 메뉴를 생각해내는 게 쉽지 않았다. 게다가 이 모든 음식을 혼자 진행해야 했으니 여간 어려운 일이 아닐 수 없었다.

이연복 셰프는 같은 식재료를 활용하더라도 메뉴에 따라 맵기를 어떻게 조절할지, 식재료의 조리 과정에 변화를 주어 맛을 다르게 만들었다.

지금이야 클릭 몇 번으로도 다양한 레시피를 찾아볼 수 있지만 당시에는 필요한 정보를 얻기가 힘들었다. 1980년대였으니 외국 요리책을 구하는 건 더더욱 힘들었다(1990년대가 지나면서 해외여행이 자유로워졌고 지인들에게 요리책을 한두 권 선물 받을 수 있었다).

수입 식재료를 접하기도 어려웠으니 현지 맛을 내기 위해 여러 번 연습해보는 수밖에 없었다. 대만 대사관에서 함께 일하던 직원들(대만 사람)과 소통하며 "우리 집에서는 이렇게 해 먹었어요", "대만에서는 이런 식으로 요리를 해요"라는 말에서 아이디어를 얻곤 했다.

"이 맛이 맞나요?"

"좀 더 짜게 해야죠."

새로운 요리법으로 요리를 할 때면 대사 부인에게 확인해보면서 현지의 맛을 맞춰가며 익히고 터득해나갔다.

'새우를 불에 구운 다음, 짬뽕에 넣어볼까? 그러면 맛이 더 깊어지지 않을까?'

'해산물은 한 번 찐 다음에 음식에 넣으면 식감이 더 살아

매일의 사소한 노력과 반복은 ————
인간의 가치를 만들어내는 원천이다.

나겠지? 2~3분만 살짝 쩌서 넣어보자.'

'중식 스타일의 백김치를 만들어보면 어떨까? 상큼한 맛을 사람들이 더 좋아하겠지?'

'찹쌀가루를 묻혀서 쫀득하면서도 맛있는 분정갈비를 메뉴에 넣어볼까?'

요리에 대한 열정이 폭발하는 시기였다. 아이디어가 떠오르면 연회나 행사를 위한 음식을 요리할 때 바로바로 적용하고 직접 만들어볼 수 있으니 비록 고된 일정이었지만 재미있었다. 많은 사람들 앞에서 자신이 만든 음식을 펼쳐 보일 수 있는 기회가 그저 감사하고 즐거웠다. 이러한 과정 속에서 똑같은 식재료를 사용하더라도 음식 맛을 다채롭고 풍성하게 만드는 노하우를 쌓았다.

이연복 셰프는 8년간 대사관에서 일에 푹 빠져 살았다. 대사가 1년에 한 번, 결과 보고를 하기 위해 대만으로 출장을 가는 보름 남짓이 유일하게 쉴 수 있는 휴가 기간이었다. 그는 이 시간도 허투루 보내지 않았다. 그간 해보지 못한 요리를 하면서 그만의 레시피를 발전시킨다. 대사관 주방장이 되기 전, 선배들 옆에서 들으면서 체득하던 과정을, 이제는 요리 과정과 식재료 사용량을 노트에 체계적으로 기록하고 완성하며 요리사로서 한층 더 성숙해졌다.

훗날 많은 사람들에게 '이연복'이라는 이름을 알리고 큰 사랑을 받았던 TV프로그램 〈냉장고를 부탁해〉에서 한정적인 재료로 빠른 시간 내에 다양한 요리를 해낼 수 있었던 것은 이때 경험을 축적한 결과였다.

인생에서 뭔가를 이뤄낸 사람들은 늘 긍정적이다. 힘들고 좌절할 만한 상황에서도 부정적인 면보다는 긍정적인 면을 찾으려 하고, 시련을 자신이 성장할 수 있는 동력으로 삼는다. 그러다 보면 현실의 암울했던 상황이 조금씩 변하면서 인생도 조금씩 긍정적으로 바뀐다.

세상만사 모든 것은 마음먹기에 달려 있다고들 한다. 마음먹기에 따라서 인생도 일도 결과가 정반대로 바뀌기도 한다. 당연한 이야기지만 자신의 상황이나 삶에 대해 희망을 갖고, 밝고 적극적으로 행동하는 것이야말로 인생을 성공으로 이끄는 기본 조건이 아닐까?

한쪽 문이 닫히면 반드시 다른 문이 열린다

이제는 많은 사람들에게 알려진 사실이지만 이연복 셰프는 냄새를 맡지 못한다. 축농증 수술을 한 후, 후각을 잃었다.

대만 대사관에서 요리 실력을 인정받으면서 대사에게 인간적으로도 신뢰를 얻기 시작했다. 그러던 어느 날이었다.

"이연복 셰프, 이번 출장 때 함께 대만에 갑시다. 축농증 때문에 무척 고생하는 듯한데 대만에 가서 수술하고 돌아옵시다."

매번 코가 막혀서 답답해하는 그를 눈여겨본 대사가 수술을 제안했고, 이연복 셰프도 흔쾌히 따라나섰다. 수술은 정상적으로 진행되었고 부기가 빠지면서 일상으로 돌아오는가 싶었는데 어찌된 일인지 냄새를 맡을 수 없었다. 처음에는 '피곤해서 그런가 보다' 하며 컨디션 관리를 하면 차차 나아지겠지 했다. 하지만 시간이 지나며 후각을 완전히 잃었다는 사실을 깨달았다.

'요리사가 냄새를 맡지 못한다고? 이제 더 이상 요리는 못하겠구나….'

당시 이연복 셰프의 나이는 스물여섯 살이었다. 요리사로서 나아가야 할 시간이 창창하게 남아 있던 시기에 냄새를 맡지 못한다는 것은 그에게 사형선고나 다름없었다. 모든 게 무너져 내리는 듯했다. 치열하게 경쟁해야 하는 주방에서, 게다가 빠른 감각으로 요리를 완성해야 하는 중식의 특성상 냄새를 맡지 못한다는 것은 굉장히 절망적이다.

중식뿐만 아니라 요리의 기본은 후각으로 시작된다고 해도 과언이 아니다. 일반적으로 사람들은 식재료의 1차적인 검증을 눈으로 확인하지만 요리사는 냄새로 파악하기 때문이다. 커다란 냉장고(워크인 냉장고) 안으로 들어서서 약간이라도 비릿한 냄새가 난다면 준비해놓은 생선을 확인해야 하고, 살짝 꿉꿉한 냄새가 나면 채소의 신선도를 살펴 뭉개져서 나는 냄새가 아닌지 확인해야 한다.

요리를 할 때도 마찬가지다. 오랜 시간 조리해야 하는 동파육, 화력을 높여 빠른 시간에 마무리하는 짬뽕과 자장면, 이 외에도 전가복, 깐풍기 등 수십 가지 요리를 동시에 조리하려면 각 재료가 익으면서 나는 냄새로 타이밍을 잘 잡아야 한다. 그만큼 후각은 요리사에게 생명과도 같다.

"야 이연복! 뭐 하는 거야! 정신 안 차려?"

후각을 잃은 후, 언젠가의 일이다. 주방에서 자장 소스를 만드는 데 너무 열중한 나머지 반대편에서 마른 행주가 가스 불에 타고 있는 것을 전혀 눈치채지 못했다. 당시에는 후각을 잃었다는 사실을 주위에 알리지 않았기에 주방 뒤로

끌려가 정신을 똑바로 차리지 않고 일한다는 오해를 받으며 호되게 혼이 난 적도 여러 번 있다. 이런 일이 반복되자 이연복 셰프는 점점 더 극심한 스트레스와 혼란에 빠진다.

'이 길을 계속 가도 될까?'

이제까지 요리에 대한 자부심과 자신감으로 밀어붙이며 살아왔는데 근본적인 문제에 부딪히자 흔들릴 수밖에 없었다. 요리를 계속 할지 말지, 몇 날 며칠을 고민하다 굳게 마음을 먹었다.

'그래 끝까지 해보자. 지금까지 해온 걸 바탕으로 앞으로도 계속 이 일을 할 거야!'

그에게 요리는 인생의 전부였다. 요리 이외에는 다른 것을 선택할 수도 선택할 생각도 없었다. 막다른 길을 택해서일까, 잃어버린 후각은 돌아오지 않았지만 미각이 좀 더 예민해지는 걸 느꼈다. 미각에 의존해서 그의 요리관을 지켜나가야 했기에 귀찮을 정도로 모든 음식을 맛보고 판단하기 시작했다.

"몸이 피곤하니 맛을 보는 게 쉽지 않더라고. 그래서 컨디션 관리가 중요하게 된 거야."

음식을 만들면서 먹고 뱉기를 반복했지만 하루에도 수십

번 다양한 맛을 보니, 혀도 쉽게 지쳤다. 혀가 둔해지는 것이다. 그래서 이연복 셰프는 후각을 잃기 전에 하던 것들을 최대한 줄였다. 배가 부르면 미각이 둔해지니 특별한 일이 없으면 공복을 유지한다. 흡연은 당연히 멀리하고, 술도 가볍게 즐기는 수준에서만 마신다.

요리 인생 50여 년, 시대가 변하니 새로운 식재료가 생겨난다. 그는 처음 접하는 식재료들을 볼 때면 설레는 마음보다는 도전하는 마음으로 천천히 식재료를 씹어본다. 그러고는 자신만의 후각을 만든다. 여러 복합적인 냄새가 있는 식재료라면 일단 가장 기초가 되는 냄새를 기억해낸다. 산속에서 맡았던 흙냄새, 새벽녘 물가에서 느꼈던 내음… 이렇게 지난 경험 속 냄새를 합쳐가며 자신만의 후각을 머릿속으로 되찾는 것이다.

그가 후각을 잃었다는 사실을 밝힌 것은 몇 년 되지 않는다. '이연복 셰프가 요리를 잘한다'라는 인식이 어느 정도 높아지고 나서야 공개했다. 대중의 시선이 그의 요리를 앞질러 가는 게 두려웠기 때문이다. 긴 시간 동안 얼마나 답답했을까.

살면서 많은 순간 앞이 보이지 않는다고, 막막하다고 느낄 때가 있다. 치열하게 취업을 준비하고 낯선 조직에 들어가 적응해야 하는 20대들은 더더욱 이런 기분을 많이 느낄 것이다. 안개 속으로 스스로 걸어 들어가는 느낌, 아무리 걸어도 안개가 걷히지 않는 답답함을 느낀다고들 한다.

야구선수인 이승엽 선수는 일본 요미우리 자이언츠에서 홈런왕을 하고 난 이듬해, 극심한 슬럼프에 빠진다. 어떤 상황에서도 시원하게 홈런을 쳐내던 이승엽 선수도 그 시간만큼은 인생에서 가장 극복하기 어려웠다고 한다.

슬럼프에서 빠져나온 후, 그는 인터뷰에서 이렇게 말한다. "앞이 보이지 않을 때는 그냥 버티면 됩니다."

이연복 셰프도 후각을 잃었을 때, 안개가 걷힐 때까지 버티며 앞으로 걸어 나갔다. 자신을 더 철저히 관리하고, 후각을 대체할 다른 감각을 찾으려 노력했다. 아무리 걸어도 끝이 보이지 않는 대단히 고단하고 긴 시기였을 것이다. 하지만 그는 요리를 포기하지 않았다. 마침내 안개가 걷히고 이연복 셰프는 모두가 인정하는 중화요리의 대가가 되었다.

사소한 것이 가장 소중하다

'동파육이 맛있는 중식 레스토랑입니다. 대표 메뉴는 자장면, 짬뽕입니다….'

인터넷 검색창에 '목란'을 검색하면 이런 문구가 나온다.

대표 메뉴라면 고급 요리가 나올 법하지만 목란에서 접할 수 있는 중식은 우리가 어느 중식당에서나 흔히 볼 수 있는 메뉴다. 다만 메뉴는 익숙하고 쉬워 보이지만 목란의 주방은 다른 곳보다 업무 강도가 훨씬 세다.

가스 공급이 원활하지 않았던 시절, 조개탄을 깨서 불을 준비하고 조리하던 과거와 비교하면 지금의 주방은 화력도 좋아지고 모든 면에서 요리하기 수월하다. 하지만 시대가 변해도 결코 변하지 않는 게 있다. 바로 맛과 재료에 대한 약속이다.

목란에서는 매일 아침, 생닭을 손질해 닭 육수를 끓이고 신선한 해물을 공수해 손질한다. 닭을 푹 삶아서 만든 육수로 소스를 만들고, 양파와 춘장을 듬뿍 넣어 자장 소스도 한 솥 가득 만들어 둔다. 계절에 따라 제철 조개도 사용한다. 여름에는 홍합을 주로 사용하고, 겨울에는 바지락을 주로 사용한다. 어떨 때는 주꾸미, 소라 등을 넣을 때도 있다.

요리에 곁들이는 짜사이榨菜('자차이'라고도 함. 중국에서 생산되는 착채를 절여서 만든다)도 그냥 내놓지 않는다. 짜사이는 소금에 절인 상태의 제품을 사서 쓰는데, 그대로 쓰면 굉장히 짜다. 이 짠맛을 잘 없애주는 것이 맛의 포인트다. 짠맛을 잘 제거하기 위해 손으로 적당히 짜지 않고, 전용 탈수기로 물기를 쫙 뺀다.

매번 이렇게 작은 것 하나하나에 공들여 손질하고 작업을

© 정은주

"특별한 레시피는 없어. 있어도 직원들에게 다 알려주지.
하지만 그걸 매일 반복해서 꾸준히 해내는 게 더 중요한 거야."

하니, 목란에 특별한 레시피를 배우겠다며 지원한 요리사들은 고된 업무에 하루 이틀 만에 나가떨어지기 일쑤다.

지금까지 이연복 셰프를 거쳐 간 후배 셰프만 해도 수백 명에 이른다. 하지만 그에게 배우고 익힌 경험을 바탕으로 본인의 식당을 차려 성공한 사람은 소수에 불과하다.

"맛있게 만드는 레시피를 찾는 건 쉬워. 하지만 이를 매
일 반복해서 제대로 맛을 만들어 내는 건 정말 어려워."

이연복 셰프는 요리를 하면서 '꾀' 부리는 것을 가장 싫어한다. 요리에서의 '꾀'란 변칙이다. 예를 들어 재료에 칼집을 넣을 때, 반죽을 할 때, 혹은 면을 삶을 때 허투루 하는 경우다. 굉장히 사소해 보일 수 있는 일들이지만 목란의 주방에서는 대단히 중요한 일들이다. 이런 작은 차이가 결정적인 맛의 차이로 이어진다.

"고춧가루를 먼저 넣고 볶다가 육수를 넣어야지!"

이연복 셰프의 불호령이 떨어진다. 짬뽕을 만들 때 고춧가루를 볶다가 육수를 넣는 과정에서 고춧가루를 볶는 것이 힘들어 덜 볶은 상태에서 육수를 넣거나 육수를 먼저 넣고 고춧가루를 풀듯이 만들면 맛이 천지 차이다. 고춧가루를 볶아서 육수를 낸 것과 육수에 풀어낸 고춧가루는 색깔에서

부터 확연히 차이가 난다. 깊은 맛이 나지 않는다.

이연복 셰프는 이렇게 사소한 일에서부터 요리의 기본이 완성된다고 말한다. 50여 년 변하지 않는 맛을 만들어낼 수 있는 건 이러한 자신만의 약속을 지키기 때문이다. 이 약속은 특별할 것 없이 항상 기본을 지키는 일이다. 매일 매일 가장 기본적인 일들을 놓치지 않고 해낼 때 비로소 맛이 완성된다. 요리사라면 반드시 가져야 할 태도라고 믿는다.

화려한 맛은 잠깐 스포트라이트를 받을 수 있지만 요리사가 정직하게 우직하게 만든 맛은 오래도록 사랑받는다. 지금 하는 일이 화려하지 않아도, 눈에 띄는 일이 아니더라도 자신을 속이지 않고 기본에 충실하게 해나간다면 언젠가는 인정받는 순간이 온다.

살다 보면 지금 하는 일에 대해서 확신이 들지 않을 때가 있다. SNS로 보여지는 타인의 삶은 평탄해 보이고 부럽기만 하고, 왜 나만 이렇게 풀리지 않는지 개탄할 때도 있다. 하지만 이러한 것들은 한순간이다. 삶은 남에게 보여지기 위함이 아닌 스스로 내면을 채워나가는 과정이다.

나는 이미 충분한 가치 있는 존재다.
스스로 나를 인정하기만 한다면.
— 생텍쥐베리

매일 매일 가장 기본적인 일들을 ─────────
놓치지 않고 해낼 때
비로소 맛이 완성된다.
요리사라면 반드시 가져야 할
태도라고 믿는다.

요리는 칼끝이 아닌 마음 끝에서 완성된다

대만 대사관에서 8여 년의 시간을 보낸 이연복 셰프는 그의 실력이 정체되고 있다고 느꼈다. 새로운 레시피를 개발하고 테스트하면서 크고 작은 행사들을 성공적으로 치뤘지만 혼자보다는 여러 사람과 같이 일하면서 다양하게 경험해봐야지 실력을 더 쌓을 수 있겠다는 생각이 들었다.

더 많은 것을 배워야겠다는 생각이 들자, 곧장 일본행을 준비했다. 아내와 함께 일본 오사카로 건너갔다. 주방장으로서의 화려한 경력이 있었지만 맨 처음부터 다시 배운다 생각하고 모든 걸 새롭게 시작했다. 인생을 건 과감한 결정이었다.

일본에서 그가 일한 곳은 오사카의 한 술집이었다. 당시 그곳에는 간단한 안주거리밖에 팔지 않았는데, 그 때문에 직원들의 불만이 가득했다. 이연복 셰프는 사장에게 메뉴를 적극적으로 제안하면서 안주에 변화를 주었다. 과일도 더 예쁘게 썰어서 내고, 손님들이 좋아할 만한 안주도 개발했다. 그 덕분일까. 그 술집은 상당히 번창한다.

"88년도에 한국에서 받던 월급의 10배 이상을 벌었어."

이연복 셰프는 일본으로 건너갈 당시 일본어를 잘하지 못했는데, 언어적 한계에 부딪히자 일본어를 배우기 시작했다. 하루에 한 단어씩, 요리할 때 자주 사용하는 단어들부터 일상 표현까지 조금씩 연마했다. 필요에 의해서 공부를 해서인지 일본어도 남들보다 더 빨리 습득했다고 한다.

몇 년 동안 다양한 일들을 경험한 뒤, 오사카 구로몬 시장에서 조그마한 가게를 오픈한다. '라이라이'라는 가게였는데, 일본 사람들이 좋아할 만한 중식 요리를 팔았다. 일본 요리와 중식 요리의 접점이라고 해야 할지, 일본 사람들의 구미에 맞는 음식을 준비했다. 가게 규모는 작았지만 배달이 밀려들며 엄청난 인기를 얻는다.

10여 년 동안 일본에서 열심히 일한 후, 다시 한국으로 돌아온다. 일본에서의 생활은 목란을 오픈하는 데 물질적으로 정신적으로 중요한 바탕이 되었다.

일본에서 일하던 당시 술집의 주방장이 이연복 셰프에게 이런 말을 한 적이 있다.

"연복아, 요리는 마음으로 하는 거야."

당시 이 말을 들은 이연복 셰프는 '아니 대체 무슨 소리를 하는 거지?'라는 생각으로 넘겨들었다.

'요리는 정확한 레시피와 좋은 식재료로 하는 것이지, 마

음으로 하는 거라니.'

몇 년이 지나고 나서야 그 말의 의미를 깨달았다. 넘치는 주문으로 쉴 새 없이 바쁜 주방, 그의 아내가 홀로 가지고 나갔던 음식 맛을 보더니 이연복 셰프에게 다시 만들라고 했다. 늘 하던 대로 만든 음식이었기에 "나는 잘못한 게 없는데?"하며 맛을 본 순간, 그는 깨달았다. 요리사가 기계적으로 만들어낸 음식에는 같은 맛이 담기지 않는다는 것. 요리사가 요리를 하며 담았던 마음이 음식에 담기고, 결국 그 마음이 음식 맛을 완성한다는 것을 말이다.

'아! 이래서 음식은 마음으로 하는 거구나. 즐거운 마음으로 요리해야 맛있는 요리가 되는구나!'

이연복 셰프는 중식을 만드는 요리사들이 좀 더 당당하게 요리할 수 있는 사회를 만들고 싶다고 한다. 아마도 어릴 적 겪은 고생들이 생각나서일 것이다.

"이제 힘든 자장면, 짬뽕 말고 요리 전문점으로만 운영하시죠?"

그의 지인들은 가끔 좀 더 고수익을 얻을 수 있는 가게를 만들라고 한다. 이연복 셰프는 단 한 번도 그렇게 생각해본 적이 없다. 오히려 모든 음식에 들어가는 정성은 다 똑같은데, 어찌 이 한 그릇의 자장면 만드는 걸 우습게 생각하냐고 반문한다. 음식에 대한 따뜻한 마음, 그 시작은 그의 마음이 들어가 있는 맛있는 자장면 한 그릇에서부터일 것이다.

　누구나 성공을 꿈꾼다. 성공은 얼마나 높은 자리에 올랐고 얼마나 많은 돈을 벌었느냐로 평가되는 것이 아니라 성공하기 위해 '얼마나 노력하고 자신의 한계를 극복했는가'로 평가된다.

　삶은 늘 고통과 역경이 따른다. 신은 살아가면서 느끼는 기쁨과 승리감을 위해 우리에게 고통을 준다고 한다. 인생을 살아가는 동안 겪는 수많은 싸움과 셀 수 없는 패배 끝에 결국 성공이 기다린다.

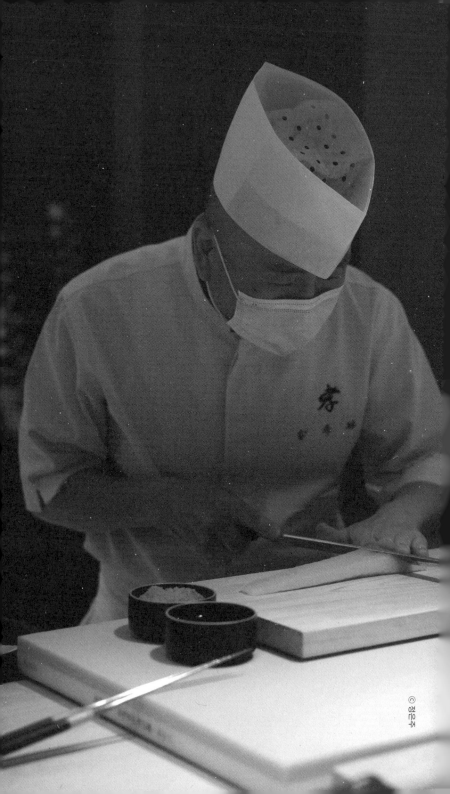

02

사소한 반복의 힘이
최고의 맛을 만든다

안효주

전 스시효 셰프

1978년 요리에 입문해 지금까지 일식 요리사의 길을 걷고 있다. 1985년 ㈜호텔신라에 입사해 일식 주방장을 거쳐 일식당 총조리장의 자리에 올랐다. 2003년에 스시효를 열었다. 일본호텔 오쿠라, 스시귀, 규베위스시, 후쿠쯔게, 기요다 북해도 스시젠에서 연수를 했다.

"책의 완결판을 위해 일본에는 없고 한국에만 있는 초밥을 만들어줄 수 있을까요? 일주일 정도 시간이 있습니다."

　일본에서는 1,300만 부 이상, 한국에서는 250만 부가 넘게 팔린 요리 만화《미스터 초밥왕》을 그린 만화가 테라사와 다이스케寺沢大介는 책을 완결하며 번외로 한국편을 기획한다. 작가는 직접 한국 최고의 일식 셰프를 수소문했고, 당시 신라호텔 일식당 아리아께에서 살아 있는 전설로 통했던 안효주 셰프에게 부탁한다. 뜻밖의 제안을 받은 안효주 셰프는 잠시 고심하다 한국 고유의 재료로 초밥을 만들어보고 싶다는 탐구심 때문에 승낙한다.

　'한국에만 있는 초밥이라. 어떤 초밥을 만들어야 할까? 그래, 한국에서만 잡히는 생선을 사용해봐야지.'

안효주 셰프는 일본 초밥과의 차별화를 위해서 동해, 서해, 남해, 제주도까지 한국에서만 맛볼 수 있는 다양한 생선과 해산물을 찾아 초밥을 만들었다. 그가 연습하면서 만든 초밥은 다 맛있었다. 하지만 한국에서만 맛볼 수 있는 초밥이라고 하기에는 부족했다.

대한민국 미스터 초밥왕

제안한 일주일이 지나고 초밥을 공개하는 시간이 왔다.

인삼 초밥 & 개불 초밥

만화가 테라사와 다이스케는 상상하지 못한 아이디어에 깜짝 놀랐다.

사실 안효주 셰프는 초밥에 쓸 재료를 고심하다 직접 운전해 식재료를 찾아 나섰는데 남해에 가던 길에 한 인삼밭을 지나게 되었다.

'인삼밭이라… 그래, 인삼을 활용해 초밥을 만들어보자.'

그는 곧장 차를 세우고 노트를 꺼내 들었다.

인삼과 초밥. 그야말로 기가 막힌 아이디어였다. 게다가 해산물을 활용하지 않은 초밥이라니.

안효주 셰프는 인삼(건조하지 않은 수삼을 사용했다)을 삶아도 보고, 생으로 얇게 썰어서 얹어보기도, 양념장에 살짝 조려보기도 했다. 수십 번의 테스트를 하던 중 인삼을 삶지 않고 양념장에 하룻밤 재워놓으니 깍두기처럼 아삭한 식감은 유지되면서 양념이 은은하게 배어들어 인삼 특유의 쓴맛이 빠졌다(인삼은 사포닌 성분 때문에 쓴맛이 강하다). 인삼 초밥은 입안에서 풀리는 밥알과 은은하게 퍼지는 인삼 내음이 어우러져 누가 먹어도 한국을 떠올리게 했다.

그리고 이어진 개불 초밥. 개불 초밥은 개불을 초에 절인 뒤 칼집을 넣어 완성했다. 선명한 붉은색 개불이 밥알을 감싸며 밥과 재료가 하나가 된 듯한 모습이 가히 일품이었다. 입안에서 쫀득하게 이어지는 개불과 밥알의 조화. 더이상 말로 표현할 수 없는 최고의 초밥이었다.

《미스터 초밥왕》 한국편이 공개되자 일본 독자들은 두 초밥 맛을 궁금해하며 그가 일하던 일식당으로 찾아와 만들어달라고 할 정도였다. 안효주 셰프의 초밥을 찾는 이들이 많아지고 인기가 올라가던 시기, 그는 흔들리지 않고 늘 해오던 대로 주방에서 칼을 갈고 초밥을 쥐었다.

당시 상황을 떠올리며 탐구심이 없었다면 시작도 하지 않

© 정은주

"탐구심이 없었다면 시작도 하지 않았겠죠.
지금도 새로운 식재료를 마주할 때면 가슴이 뜁니다."

았을 것이라는 안효주 셰프. 지금도 새로운 식재료를 활용하는 것에 무한한 희열을 느낀다고 말하는 그의 눈빛이 빛나는 듯했다.

한국에서만 맛볼 수 있는 초밥을 만들어달라는 제안을 받았을 때, 20여 년 동안 초밥을 쥐었던 그였지만 기존 방식만 고집하지 않았다. 초밥 위에는 생선이 올라가야 한다는 것을 과감히 버리고 새로운 재료를 얹은 순간, 그는 '대한민국 미스터 초밥왕'이 되었다.

된다고 믿으면 반드시 된다

1958년 전라남도 남원에서 태어난 안효주 셰프에게는 특이한 경력이 있다. 고등학교 때까지 아마추어 권투 선수로 활동했다. 형이 두 명 있었는데, 작은 형이 권투를 했다. 여름방학 때면 작은 형이 가지고 온 권투 글러브를 가지고 놀며 장난을 치곤 했고, 안효주 셰프도 점차 흥미를 느껴 권투의 세계에 뛰어든다.

권투를 시작한 지 얼마 되지 않아 꽤 소질이 있음을 알게 되었다. 매일 학교를 마치면 남원 시내에 있던 체육관으로 향했다. 학교에서 체육관까지 뛰어서 가서는 줄넘기를 하고 샌드백을 치며 연습했다.

전국학생선수권대회 플라이급에서 준우승을 하는 등 승승장구하던 그는 전라도 대표로 시합에 나선 적도 있다. 당시 면사무소에서 일하던 아버지는 그가 운동하는 것에 별말씀 없으셨지만 어머니는 아니었다. TV로 권투 경기가 중계될 때면 선수들이 시합 도중 맞아 피를 흘리는 모습을 보고서 더더욱 아들이 혹독한 운동을 하는 것에 반대했다. 하지만 한번 시작한 건 끝까지 해봐야 하는 성격이어서 중간에 그만둘 수 없었다. 어머니의 반대가 거세어질수록 더 악착같이 운동을 했다.

권투 연습을 마치면 저녁 9~10시 정도였다. 체육관 계단 옆에 핫도그를 파는 포장마차가 있었는데, 당시 핫도그는 둥그스름한 모습이었다. 지금이야 긴 소시지나 치즈를 꽂아서 만든 핫도그를 떠올리겠지만 그때는 그런 식재료를 사용하는 건 생각하기 어려웠다. 막대기에 밀가루만 둘러 튀겨내는 핫도그 집도 있었고, 체육관 옆 포장마차에서는 고구마를 큼직하게 잘라 밀가루 반죽을 묻혀 튀겨서 팔았다. 케첩은 상상도 못할 시기였고 설탕만 듬뿍 묻혀 먹었다. 포장마차 아주머니가 갓 튀겨낸 뜨끈뜨끈한 핫도그가 얼마나 맛있었던지 그는 아직도 그 맛을 기억한다고 한다.

핫도그 하나에 10원이었는데, 운동이 끝나고 허기진 탓에 그 자리에서 20개씩은 거뜬히 먹어치웠다. 한 번에 20개는 먹어야 좀 먹은 것 같았기에 부모님께 받은 용돈을 아껴두었다가 200원을 모은 날에만 포장마차에 들러 포식하곤 했다.

이렇게 핫도그를 든든하게 먹은 날이면 이미 밤이 깊었는데, 남원에서 8킬로미터 정도 떨어진 곳에서 통학하던 그는 깜깜한 시골길을 무서운 줄도 모르고 달렸다.

아마추어 권투 선수로 이름을 날리며 고등학교를 졸업한 후, 본격적으로 프로 권투 선수가 되기 위해 서울살이를 시작했다. 명동에 위치한 한국체육관에 다녔는데, 서울은 놀라운 것투성이였다. 특히 시골에서는 먹기 힘든 비싼 음식들이 가득했고 그중에서도 가장 놀란 것은 달걀이었다. 당시 남원에서는 결혼식 축의금으로 달걀 한 줄을 선물할 정도로 달걀은 귀한 음식이었다. 그의 집에서는 1년에 몇 번 겨우 먹을 수 있는 특별한 음식이었는데 서울에서는 어디서든 살 수 있고 달걀을 넣어 만든 빵도 있었다.

하지만 돈이 늘 부족했던 시절이었기에 서울에서의 생활은 무척 고단했다. 훈련도 훈련이지만 기본적인 생활을 유지하려면 돈도 벌면서 숙식을 해결할 곳이 필요했다. 마침 본가 뒷집에 살던 선배의 도움으로 명동에서 꽤 유명한 일식당에 설거지 담당으로 취직을 했다. 만약 선배가 소개해 준 곳이 한식당이었다면 그는 한식 요리사가 되었을지도 모른다.

요리의 요자도 몰랐던 그가 처음 맡은 일은 하루에 400개가 넘는 냄비를 닦는 일이었다. 그 가게는 조기탕이 가장 인기가 많았는데, 손이 빠른 그가 아무리 재빨리 설거지를 해도 항상 냄비가 산더미같이 쌓였다. 고된 훈련을 한 뒤에도 쉬지 못하고 일을 해야 했기에 무척 고단한 시간이었지만 안효주 셰프는 항상 긍정적으로 '할 수 있다!'라고 생각하며 버텼다.

프로 데뷔전을 위해 훈련을 거듭하던 어느 날, 그는 지독한 감기에 걸리고 말았다. 다행히 시합 전에 가까스로 낫기는 했지만 이미 몸이 많이 축난 상태여서 이전처럼 컨디션이 돌아오지 않았다. 결국 프로 데뷔를 포기하고 해병대에 자원입대를 한다.

안효주 셰프는 군 생활을 하면서 본격적으로 요리를 해보고 싶어졌다. 반사신경이 좋은 사람이 날카로운 칼을 잘 다룰 수 있다고 판단했기에 권투와 요리가 일맥상통하는 점이 있으리라 생각했다.

그렇게 그는 군 생활을 마치고, 이전에 일했던 일식당으로 향했다. 일단 시작했으니 최고의 일식 셰프가 되고 싶었고, 그렇게 될 수 있다고 굳건히 믿었다.

인생에서 꼭 하고 싶은 일, 해내고 싶은 목표를 현실로 만들기 위해 가장 먼저 할 일은 '나는 해낼 수 있다'고 믿는 것이다. 간절한 믿음은 때로 초현실적인 결과로 되돌아오기도 한다. 경영의 신으로 불리는 이나모리 가즈오稲盛和夫는 성공의 원천은 해내겠다는 일념으로 굳센 소망을 품는 일이라고 했다. 이루고자 하는 바를 집요하게 이루기 위해서는 집요하게 생각해야 한다. 잠을 잘 때도, 일할 때도 자신의 가능성을 믿고 노력한다면 어떠한 상황이 닥쳐도 반드시 그 길에서 빛나게 되어 있다.

일본의 사상가 나카무라 덴푸中村天風는 이렇게 말했다.

"새로운 계획의 성취는 오로지, 흔들리거나 꺾이지 않는 마음에 달려 있다. 그러므로 간절히 진심을 다해 원하고 생각하라. 고고하게, 강인하게, 한결같이!"

쉬운 성공은 없다

달랑 몸 하나만 믿고 시작한 서울살이였다. 프로 권투 선수가 되겠다는 꿈이 좌절된 후, 그는 일식 요리에만 매달렸다. 처음 권투를 했던 때처럼 한번 시작한 건 끝까지 해봐야 하는 그의 성격은 일식 요리사가 되겠다고 마음을 먹었을 때도 똑같았다.

20대의 안효주는 다른 생각을 할 겨를이 없었다. '매일 매일 배워야 한다', '하루라도 앞으로 나아가지 못하면 살아남을 수 없다'고 자신을 다그쳤다. 단 하루도 게으름을 피우지 않았다. 누구도 그에게 그렇게 살라고 강요하지 않았지만 스스로 일식 요리사가 되어야겠다 생각했고, 그를 가장 행복하게 만드는 것은 초밥이었다. 남들이 자신을 어떻게 보는지는 중요하지 않았다. 그저 더 나은 초밥을 만들기 위해 매일 최선을 다했다.

안효주 셰프가 하루도 빼먹지 않고 한 일은 새벽에 혼자 출근해 칼을 가는 일이었다. 전날 퇴근하기 전, 물에 불려놓은 숫돌을 꺼내 행주를 깔고 그만의 루틴을 시작했다. 처음에는 칼을 왜 갈아야 하는지도 모른 채 칼을 갈았다. 일식 주방에서는 밥을 짓는 일만 몇 년씩 하기에 칼을 잡기까지는 꽤 오랜 시간이 걸린다.

한겨울 눈물이 날 만큼 추운 날에도 그는 정해진 시간에 출근해 밥을 앉히고 칼을 갈았다. 매일 같은 시간에 일어나니 나중에는 알람을 맞춰두지 않아도 몸이 기억했다. 비가 오나 눈이 오나 그 시간이 되면 눈이 저절로 떠지고, 가게에 나와 똑같은 일을 반복했다. 전날 가게가 너무 늦게 끝나 새벽에 몸은 겨우 일으켰는데 꾸벅꾸벅 졸음이 가시지 않을 때면 그는 스스로에게 이렇게 이야기했다.

'이 시간은 내 인생에서 다시 오지 않아.'

그러면 졸음이 싹 달아났다. 잠도 제대로 자지 못하는 생활이었지만 지금 이 순간이, 고된 하루하루가 얼마나 소중한지를 누구보다 잘 알고 있었다.

셰프에게 있어 칼은 단순한 조리도구가 아니다. 셰프와 평생을 함께하는 가장 중요한 연장이다. 요리의 기본은 식재료를 써는 것에서 시작되며, 이는 곧 칼을 의미한다. 제때 각 요리에 맞게 식재료를 준비하려면 그만큼 칼을 잘 갈아놓아야 한다. 그러니 칼에서부터 요리가 시작된다고 해도 과언이 아닐 것이다.

처음에는 날카롭게 갈아놓은 칼로 곤약을 0.5센티미터씩, 1센티미터씩 얇게 써는 연습을 한다. 곤약 썰기가 손에 익으면 다음은 무나 오이를 종이보다 얇게 돌려 깎으며 손의 감각을 익힌다. 10센티미터 넓이의 무를 얇게 돌려 깎았을 때 불에 비추면 투명하게 보일 정도가 되어야 한다.

"권투는 시합 전에 이미 승부가 결정되어 있어요.
시합 날짜를 받아 놓고 정말 열심히 노력해
계체량을 확인하는 순간, 이미 승부가 결정되는 거죠.
내가 99퍼센트를 준비했으면 이긴 경기고,
상대 선수가 한 노력보다 90퍼센트만 노력하면
이미 진 거예요. 요리도 마찬가지입니다."

이렇게 칼을 다루는 연습에 매진한 결과는 음식이 고객의 입에 닿았을 때 확연히 드러난다. 훗날 생선을 손질할 때 한 번에 흔들림 없이 썰고, 조개나 갑각류를 다룰 때도 아주 미세하게 칼질을 해두면 식감이 더 좋아져 고객이 더 풍성한 맛을 즐길 수 있기 때문이다.

안효주 셰프가 신라호텔에서 근무하던 시절의 일이다.

"지금 다 집합해! 칼에 녹이 슬었잖아!"

안효주 셰프의 불호령에 주방의 모든 직원들이 깜짝 놀라 한자리에 모였다. 안효주 셰프가 목소리를 높인 건 주방을 점검하다 칼 한 자루에서 아주 작은 녹을 발견했기 때문이었다. 요리사들은 여러 자루의 칼을 사용하기도 하고 바삐 일하다 보면 매일 칼을 갈거나 관리할 시간이 부족할 때가 많다.

"칼에 녹이 슬면 생명이 다한 거야. 그러면 필요가 없는 거지."

80만 원이나 하는 고가의 칼이었지만 그는 직원들이 모두 보는 앞에서 칼을 버렸다.

안효주 셰프가 요리를 하는 데 있어 가장 중요하게 생각하는 부분은 보여지는 화려함보다 정도를 지키는 마음가짐이다. '칼을 간다'는 것은 요리사가 갖춰야 할 가장 기본인

동시에 가장 놓치기 쉬운 마음가짐이다.

"요즘 시대에 기본기가 충실한 사람이 있다면 성공할 확
  률이 더 높습니다."

안효주 셰프는 선배들한테 맞아가며, 궂은소리를 들으며
요리를 배웠다. 하지만 그의 제자들에게는 그렇게 가르치지
않는다. 사실 젊었을 때 이야기도 잘 하지 않는다. 고생하면
서 깨달았던 것들을 유세 떨듯 이야기하고 싶지 않다. 누구
보다 열심히 악과 깡으로 버티며 살아왔지만 빠르게 변화하
는 시대와 사람들을 경험하며 요리사도 그에 맞춰 변화해야
한다고 생각한다.

제자들을 가르칠 때는 스스로 요리의 이치를 깨달을 수
있도록 왜 이런 식으로 하면 안 되는지를 직접 보여주면서
'이렇게 해야 더 나은 초밥을 만들 수 있다'라고 가르친다.
단순히 '이렇게 하라고 했는데 왜 하지 않느냐'고 지시만 하
지 않는다. 방법을 모르고 이해하지 못했으니 할 수 없는 것
이고, 강압적으로 무섭게 가르친다고 배우는 시대는 지났기
때문이다.

자신의 노력으로 무언가를 성취해본 사람은 어려움에 처
하더라도 열심히 노력하면 목표를 이룰 수 있다고 믿는다.

그저 생각에만 머물지 않고 '나의 가능성을 믿고 일단 해보자'라는 마음으로 행동하는 것이다. 그러한 사람만이 벽을 넘는다. 그리고 그 이상을 이뤄낸다.

- 힘들고 보수 적음
- 혹한의 추위에 시달릴 것임
- 몇 달간 지속되는 어둠을 견뎌야 함
- 계속되는 위험으로 안전한 귀환을 보장하지 못함
- 성공할 경우, 영광과 명예를 얻을 수 있음

100여 년 전쯤 영국인 탐험가 '어니스트 새클턴Ernest Henry Shackleton'이 남극 탐험을 위한 팀원을 모집할 때 낸 공고문이다. 그는 팀을 구성할 때 목표를 조금이라도 두려워하지 않는, 할 수 있다고 믿는 사람을 뽑으려 했다. '이건 좀 어려운데, 내가 할 수 있을까?'라고 생각하는 순간, 이미 목표는 멀어진다. 한순간의 머뭇거림, 망설임은 무한한 가능성을 시들게 한다.

스스로 정한 목표가 있다면 그 일이 아무리 힘들고 어려워도 더 끈질기게 노력해야 한다. 진심으로 '나는 할 수 있다'라고 믿으면 끝까지 버틸 수 있다. 그 노력의 끝에는 자신조차 상상하지 못한 멋진 미래가 펼쳐져 있을 것이다.

모든 것은 기본에서 시작된다

"오늘은 무슨 생선이 올라왔어? 봄에는 이렇게 작은 전어가 초밥용으로 최적이야. 이건 사야 해."

초밥용으로 활용할 작은 크기의 전어를 확인한 안효주 셰프의 얼굴에 안도감이 떠오른다.

그의 하루 일과는 수산 시장에 가서 생선을 둘러보고 구입하는 것에서 시작된다. 기본적으로 많이 사용하는 생선(광어, 도미 등)은 비슷하지만 선도는 매일 매일 다르다. 어디서 잡혔는지 산지도 확인해야 하고, 무엇보다 계절에 따라 잡히는 생선이 다르니 직접 둘러보고 판단하는 수밖에 없다. 게다가 수산시장은 생물을 다루는 곳이기에 공산품처럼 규격화된 것이 없다. 그렇기에 매번 잘 나오던 생선이나 해산물이 안 나올 때도 있고, 수급이 안 되다 오늘 마침 잡혀서 올라오는 생선도 있다. 이러한 것들을 매번 확인하고 구입해야 하기에 요리를 시작한 지 몇십 년의 시간이 흘렀지만 그의 삶은 크게 변한 것이 없다.

"이 시기에 이런 재료들을 만나러 시장에 오는 겁니다. 매일 와서 매일 생선을 보지만 늘 다릅니다. 하지만 계속 하다 보면 지식이 쌓인답니다."

스스로 정한 목표가 있다면
그 일이 아무리 힘들고 어려워도
더 끈질기게 노력해야 한다.
진심으로 '나는 할 수 있다'라고 믿으면
끝까지 버틸 수 있다.

수산시장에서의 시간이 끝날 때쯤 조금 여유가 있다면 남대문 시장으로 건너가 그릇과 도마를 살핀다. 그의 레스토랑에서 사용하는 나무 도마에는 칼자국 하나도 허락하지 않는다. 조그마한 홈집이라도 발견하는 날에는 그의 호통을 피해 갈 수 없다. 일식 요리사는 아무래도 생물을 많이 다루기 때문에 위생을 위해서 도마를 깨끗하게 관리하는 것이 가장 중요하다고 생각하기 때문이다.

가게로 향하는 길, 이번에는 검단산에 들린다. 후배 요리사와 차에서 내린 그는 트렁크에서 커다란 말통을 꺼내든다. 초밥용 밥을 지을 때 검단산에서 받아온 약수를 사용한다. 미네랄이 풍부한 약수를 사용하면 조금 더 맛있는 밥을 만들 수 있다고 믿는다. 손님들은 쌀을 수돗물로 씻든, 약수로 씻든 그런 세세한 것까지 알 수 없다. 하지만 안효주 셰프는 조금이라도 더 맛있는 초밥을 만들기 위해 매번 이 고생을 사서 하고 있다. 초밥은 밥 위에 얹는 식재료도 중요하지만 맛있는 밥을 준비하는 데도 상당한 시간과 노력이 든다.

초밥용 밥을 지을 때 사용하는 소금은 17년이 넘은, 간수를 뺀 신안의 천일염을 사용한다. 쌀은 초밥에 가장 최적화된 '고시히카리' 종을 사용하는데, 전라도의 한 지역과 계약해서 재배한다. 쌀 품종에 따라 찰기가 달라 초밥 맛을 좌우

하는데, 여러 종류의 쌀을 맛보며 연구한 결과, 전라도 토질에서 생산된 쌀이 가장 적합하다고 판단해 이 품종을 이 지역에서 생산해 받아 쓴다.

이 외에도 고추냉이는 홋카이도 산속에서 재배한 것을, 김말이용 김은 한정 생산한 최고급품으로 매년 9월 일본에 가서 어렵게 공수해 온다. 그리고 3개월에 한 번씩, 일본 나고야에 있는 식초 공장에 가서 전통 방식으로 만든 식초를 구입해 온다. 이 식초를 활용해 밥에 간을 하는 단촛물을 만든다.

초밥에 딱 맞는 쌀, 깨끗한 물, 초밥을 만드는 식초, 밥을 완성하는 타이밍, 단촛물을 밥에 묻혀 내는 과정, 여기까지가 초밥의 밥을 준비하는 기본 과정이다. 생선을 다루는 이야기는 아직 시작도 하지 않았다.

그의 가게를 찾는 손님들은 군더더기를 싫어한다고 한다. 화려한 토핑이나 값비싼 식재료를 얹어낸 초밥이 아닌, 맛있는 밥과 정성 들여 손질한 생선이 올라간 초밥 그 자체만으로 완벽한 것을 좋아한다. 일종의 정통 초밥이다.

삶의 순리가 그러하듯 어떤 분야에서 최고가 되려면 기본기를 잘 다지는 것이 중요하다. 모든 것은 기본에서 시작된다. 상황에 맞게 예상치 못한 변수에 긴밀히 대응하려면 기초-기본이 탄탄해야 한다. 공부도 운동도 마찬가지다. 어려운 수학 문제를 잘 풀기 위해서는 기본이 되는 공식이나 지식을 배우고 익히는 과정이 필요하다.

기본은 바닥에서부터 시작된다. 기초가 되는 것들이 차곡차곡 쌓여야 기량이 올라간다. 중간에 하나라도 빠지면 완벽한 기량은 나오지 않는다. 시간이 걸리더라도 사다리를 오를 때처럼 한 칸 한 칸 조심스럽게 올라가야 한다. 고된 훈련을 통해서만 일정한 수준에 도달할 수 있다. 이제 요리에 입문한 요리사가 어느 날 갑자기 30센티미터가 넘는 사시미 칼을 잘 다룰 수 없다. 매일 아침 한 시간씩 칼을 가는 일부터 시작한다. 이는 시간이 지나도 꼭 해야 하는 일이다.

사람들은 너무 성급하게 결과가 나오길 원한다. 성공과 명성을 지금 당장 가장 빠르게 얻을 수 있는 지름길을 알기 위해 꼼수를 부리기도 한다.

하지만 세상에 그냥 되는 일은 없다. 꾸준히 연습해야 기본기가 쌓이고, 그 과정에서 수도 없이 패배하고 좌절을 겪는다. 이러한 실패는 좌절이 아닌 경험이다. 경험이 쌓여야 성장한다. 가끔 성공한 신예를 두고 '혜성처럼 등장했다'라고 표현한다. 하지만 그 누구도, 그 어떤 분야에서도 단숨에 떠오른 '혜성은 없다'. 그때까지 준비하고 다져온 기본기가 비로소 그 순간 드러난 것이다.

사소한 반복의 힘이 최고의 맛을 만든다

스시 카운터에서 초밥을 쥐는 안효주 셰프의 손놀림은 재빠르면서도 부드럽다. 16그램 초밥 하나가 완성되는 시간은 대략 3초 내외. 밥 온도가 36.5도일 때 가장 부드럽고 맛있는 초밥이 된다. 밥이 손에 오래 머물면 안 된다.

초밥을 쥐는 기술 역시 대단히 중요하다. 요리사의 악력, 밥을 얼마나 리듬감 있게 쥐었는지, 밥을 잡으면서 공기 중에서 몇 번을 흔들었는지가 복합적으로 작용해 초밥이 혀에 닿았을 때 맛이 달라진다. 고객이 초밥을 입에 넣었을 때 밥알이 순식간에 풀리는 느낌을 주어야 한다. 밥알 사이사이로 공기가 들어간 초밥, 그만큼 밥알은 무너지지 않지만 부드럽게 만들어내는 기술이야말로 최고의 기술이다.

"두 시간 뒤에 400명분, 1,600개의 초밥이 필요합니다."

안효주 셰프가 신라호텔에 근무할 때 급히 연회가 잡혔다. 그날따라 여러 행사가 있었던 터라 일식당에서 초밥을 만들 수 있는 사람은 단 두 사람뿐이었다. 생각할 겨를도 없이 두 사람은 본능적으로 초밥을 쥐기 시작했다. 1분에 10개 이상을 만들어야 제시간에 필요 수량을 채울 수 있었다. 다

"단지, 기본에 충실하라.
나는 이것도 어렵다.
그래서 나는 아직도 초밥을 만드는 것이 어렵다."

만 속도도 중요하지만 고급 일식당이니만큼 퀄리티를 유지하면서 만드는 것도 중요했다.

소리 없이 초밥을 만들기 두 시간. 연회장에서 초밥을 가지러 온 시간에 맞춰 결국 해냈다. 매일 걸어 다니면서도 자신이 어떻게 걷는지 인식하지 않는 것처럼 반복적인 연습으로 자다가도 초밥을 쥘 수 있을 정도로 준비되어 있었기에 가능한 상황이었다.

이런 안효주 셰프도 처음부터 초밥을 잘 만든 것은 아니었다.

1978년, 본격적으로 일식당에서 일하게 되었지만 그가 맡은 일은 초밥을 쥐는 일과는 거리가 멀었다. 매일 아침 밥을 준비하는 일이었는데, 처음 선배들에게 밥하는 법을 배울 때는 앞에서 메모조차 하지 못했다. 선배가 알려주면 머릿속에 기억했다가 화장실에 가서 몰래 적어야 할 정도로 군기가 셌다. 당연히 한치의 실수도 용납하지 않았는데, 만만하게 생각했던 밥하는 과정은 그가 생각한 것보다 훨씬 더 까다로웠다.

"쌀을 처음 씻을 때는 물을 바로 버려야 해. 그리고 쌀을 씻은 물이 맑아질 때까지 여러 번 잘 씻어야 하는 거야."

매번 똑같이 물 양을 맞춰 쌀을 씻어 앉히면 밥이 똑같이 완성된다고 생각했는데, 같은 레시피를 활용하더라도 날씨가 좋은 날과 흐린 날의 습도 차이 때문에 어느 날은 밥이 질게 되기도 했다. 적정한 상태로 밥이 지어지지 않으면 초밥 맛이 떨어질 수밖에 없다. 선배가 잘 알려주었지만 이를 능숙하게 해내려면 감각을 익히고 몸으로 체득하는 수밖에 없었다.

좋은 쌀을 깨끗하게 씻어 체에 받쳐 물기를 뺀다. 다시 적정량의 물을 넣고 밥을 짓는다. 밥이 완성되면 단촛물을 만들어 고슬고슬하게 잘 섞어줘야 한다. 이 과정도 밥이 덩어리지지 않게 무작정 휘젓는 게 아니라 밥알이 눌리지 않게, 단촛물이 밥알에 고르게 전달되도록 힘을 빼고 저어야 한다.

안효주 셰프는 밥 짓는 일을 정확히 4년 6개월 동안 했다. 무수한 반복을 통해 그는 어떠한 상황에서도 완벽하게 밥 짓는 법을 터득했다. 이렇게 완성된 맛있는 밥은 완벽한 초밥의 일부분이 된다.

반복적으로 연습하는 일은 단지 요리사에게만 해당되는 것은 아니다. 세계 최고 선수로 손꼽히는 손흥민 선수가 어릴 때 매일 3시간 이상 볼 리프팅만 했다는 이야기가 알려지며 큰 화제가 된 적이 있다. 그는 양발을 정말 잘 사용하는데 시즌이 끝나고 쉴 때도 매일 왼발 슈팅 500개, 오른발 슈팅

500개씩 연습했다고 한다. 양발의 힘을 고루 향상시키기 위한 그만의 루틴이었다.

축구선수가 강력한 슛을 원한다면 슛을 연습해야 하고, 투수가 완벽한 제구력을 가지고 싶다면 매일 수십 수백 번 공을 던져야 어느 정도의 경지에 오를 수 있다. 어떤 일을 하든 마찬가지다. 몸이 기억하게 하려면 반복밖에 답이 없다.

절대 타협하지 않아야 할 것도 있다

"입에서 쌀알이 풀려버리는 것 같은 느낌이에요. 어쩜 이럴 수 있죠?"

초밥의 모습이 비슷하게 보여도 다 같지 않다는 것이 안효주 셰프의 철학이다. 갓 지은 뜨거운 밥을 단촛물로 양념한 뒤, 부채로 수분을 날려서 사람의 체온인 36.5도로 식힌 다음, 손으로 얼마나 부드러우면서 단단하게 밥을 쥐는가에 따라서 초밥 맛이 달라지기 때문이다. 밥알을 뭉치듯 쥔 초밥에서는 밥알이 씹히는 반면, 속을 비우듯 쥔 초밥을 입에 넣은 순간 밥알이 입안에서 싹 풀어진다.

안효주 셰프는 "초밥을 쥐었을 때, 밥알 사이에서 빛이 보여야 한다"고 늘 말한다. 밥알끼리 너무 단단하게 뭉쳐지지 않아야 밥알 사이로 빛이 새어 나올 만큼 공간이 생기고 부드러운 초밥을 만들 수 있다.

"이렇게 초밥을 쥘 수 있을 때까지 당연히 시간이 걸립니다. 될 때까지 연습을 거듭해서 완성해내는 겁니다. 젊은 분들께 이런 이야기를 하면 옛날 사람이라고 하는 사람도 있습니다. 하지만 산 넘어 산인 것처럼 이 단계를 이겨내면 그 다음으로 올라갈 수 있고, 그렇지 못하면 여기서 끝인 것이죠. 더 올라갈 수 없습니다."

초밥을 만드는 데 있어서는 조금의 틈도 용납하지 않기에 안효주 셰프를 고지식하게 규칙만 지키는 사람으로 바라보는 사람도 있다. 하지만 그는 식재료에 대한 창의력과 손님을 대하는 부분에서는 그렇지 않다.

안효주 셰프는 초밥을 만들 때 90퍼센트는 일본식 틀과 맛을 갖추되, 10퍼센트는 한국인 입맛에 맞게 변형하고 있다. 예를 들어, 일본 음식은 한국인 입맛에는 전체적으로 달다. 그래서 안효주 셰프는 배합초를 만들 때 소금과 식초만 사용하는데 한국의 천일염을 고집한다. 전 세계 값비싼 소금을 다 활용해봤지만 한국의 천일염만큼 깊은 감칠맛이 나고 부드러운 소금은 없다고 자부한다. 그래서 지금도 간수를 뺀 17년이 넘은 소금을 공수해 사용하고 있다. 이런 귀한 소금을 고수하는 이유는 생선 고유의 맛을 살리는 데는 소금이 가장 좋기 때문이다. 가령 광어나 도미같이 우리나라 사람들이 좋아하는 흰살생선의 경우, 간장보다 소금을 살짝 찍어 먹으면 더 깔끔하고 풍미를 느낄 수 있기에 소금을 권한다.

보통 초밥은 흰살생선, 붉은살생선, 등푸른생선 순으로 먹어야 한다고 알려져 있다. 하지만 안효주 셰프의 생각은 다르다. 그는 흰살, 붉은살, 조개류, 갑각류 등을 한 점씩 돌아가면서 먹어보라고 권한다. 입안에서 강약이 변화되며 미각이 춤을 추는 듯, 다른 감정을 느낄 수 있다. 때로는 손님에게 손을 깨끗하게 씻은 뒤 손으로 초밥을 먹어보라고 한다. 시각, 미각, 촉각까지 모든 부분에서 만족하는 식사가 되기를 원하기 때문이다.

무수히 다양한 종류의 초밥 중에서 안효주 셰프가 가장 좋아하는 초밥은 고등어 초밥이다. 고등어 초밥에는 초밥을 만드는 데 필요한 모든 기술이 다 녹아 있다. 등푸른생선인 고등어는 최상 등급을 사용해야 신선하게 초밥 위에 올릴 수 있다. 맛이 진하기 때문에 소금과 식초에 절이며 맛을 완성해내야 한다. 그만큼 온 신경을 쏟아야 하는 시간이 길어

질수록 더 맛있어진다.

초밥은 어떤 재료를 올리느냐에 따라 모양도, 풍미도, 맛도 다르다. 어떤 특정한 초밥만이 특별하고 비싸다고 여러 번 먹는다면 금방 물리고 맛이 없어진다. 값비싼 참치 초밥만 여러 번 먹다 기름진 맛에 비릿함이 올라오면 쉽게 질린다. 성게 초밥 한 점은 최고의 향연을 선물하지만 성게 초밥만 4~5개를 연이어 먹지는 못한다. 그러니 '초밥을 먹는다'는 것은 손님이 입안에 초밥을 넣었을 때 감동을 느끼게 하는 전 과정을 의미한다.

이렇듯 안효주 셰프는 초밥으로 사람들을 감동시키기 위해 그가 할 수 있는 모든 최선의 노력을 다하고 있다. 밥알에서부터 생선까지, 그리고 먹는 그 순간까지도 뻔한 맛을 담지 않는다. 안효주 셰프에게 있어 초밥은 한 그루의 나무다.

내가 계속 할 수 있었던 유일한 이유는
내가 하는 일을 사랑했기 때문이다.
사랑하는 일을 찾아야 한다.
사랑하는 사람을 찾듯 일 또한 마찬가지다.
-스티브 잡스

요리사에게 결승점은 없다

스시 카운터에서 초밥을 쥐고 손님 앞에 놓인 그릇에 올린 뒤, 재빨리 행주를 빨아 나무 도마를 닦아내고, 다시 칼을 깨끗하게 정비한다. 날카로운 칼로 횟감을 잘라낸 뒤, 손바닥 위에 생선을 올려놓고 고추냉이를 바르고 밥을 쥐어 초밥을 완성하는 과정은 3초 내외다.

안효주 셰프가 초밥을 쥐는 모든 동작은 숨 쉬는 것만큼이나 자연스럽다. 40년 넘게 해온 일이라 초밥을 쥐는 행위가 리듬감 있게 보이는 것도 당연하다.

"초밥의 주인공은 밥입니다. 생선은 부재료죠. 생선마다 다양한 질감, 부드러움, 쫄깃함에 따라 밥의 크기가 달라집니다. 여기에 손님의 입 모양까지 더해지죠. 저는 손님을 처음 만났을 때, 본능적으로 입 모양을 관찰합니다. 그리고 보통 남자분은 밥알의 개수를 320알, 여자분은 270알 정도로 쥐어드립니다. 이렇게 하면 한입에 넣어서 씹기도 더 편리합니다."

궁극의 초밥이란 재료와 요리사, 그리고 손님이 하나로 교감할 때 완성된다. 솜씨 있는 요리사가 되려면 손님의 마

"저는 아직 저의 초밥에
만족하지 못합니다."

© 정은주

음과 기분을 읽는 기술도 필요하다.

화려했던 신라호텔의 일식당 아리아께를 그만두고 2003
년, 안효주 셰프는 그만의 초밥 가게인 스시효를 오픈한다.
스시효를 오픈할 당시 아리아께 손님의 70퍼센트가 스시효
로 몰렸다는 말이 나올 정도였다. 그는 '안효주 = 최고의 초
밥 장인'임을 증명해냈다.

스시효를 오픈하고 3년 동안 하루도 쉬지 못했다. 가게
를 무조건 성공시켜야 한다는 마음가짐이었기에 매일 새
벽 5시에 출근해 밤 12시에 마감을 했다. 육체적으로 한계
에 부딪힐 때도 많았지만 힘든 과정은 머릿속으로 고민하기
보다 우선 정직하게 몸의 리듬을 만들려고 노력했다.

그의 가게는 항상 많은 손님들로 예약이 꽉 차 있었지만
그는 늘 '초심'을 되새겼다. 요리사에게 가장 위험한 것은 교
만이다. 명성을 쌓는 데 30년 넘게 걸린 일이 순간의 방심으
로 무너지는 데는 3분도 걸리지 않는다. 특히 날생선을 다루
는 초밥집이기에 그는 더더욱 초심을 지키려 노력했다.

안효주 셰프가 정성 들여 만들어내는 초밥에 손님들은 감
동하고 만족하지만 정작 안효주 셰프 자신은 늘 무엇이 부
족한지를 고민한다. 스스로 만족하는 순간, 끝이라고 생각
하기 때문이다. 특히 '장이'라고 하는 손기술로 먹고사는 사

람들이 자신의 업적에 만족하면 거기서 성장은 멈춘다고 말한다. 그래서인지 그는 늘 자신의 요리를 냉정한 시각으로 바라본다. 그래야 좀 더 객관적으로 부족한 점이나 개선할 점이 보인다. 맛있게 먹는 손님의 반응에 그저 만족하다 보면 '와, 내가 초밥을 잘 만드는구나' 하면서 노력을 게을리하게 되는 것이다. '이보다 더 잘 만들 수 있는데'라고 생각하며 아직 무엇인가 부족한 점을 채우기 위해 노력한다.

"일본에 계신 스승님이 보시면 제 초밥에서 부족함을 발견하실지도 모릅니다. 그래서 이보다 더 잘 만들기 위해 노력합니다."

안효주 셰프의 말은 진심이다. 한계를 넘으면 또 다른 한계가 찾아온다. 때론 매일 반복되는 과정이 짜증이 나기도 한다. 하지만 매일의 루틴을 지키며 반복해서 일하고, 더 나은 맛을 위해 고민하고 노력하는 것이 장인이다.

"살아 있는 달팽이를 주문하고 싶은데요. 바로 한 상자 보내주시겠어요?"
"셰프님, 달팽이는 어디에 사용하시게요?"

한계를 넘으면 또 다른 한계가 찾아온다.
매일의 루틴을 지키며 반복해서 일하고
더 나은 맛을 위해
고민하고 노력하는 것이 장인이다.

안효주 셰프가 달팽이를 주문하는 모습을 본 매니저가 묻는다. TV를 보다 국내에 달팽이 양식을 하는 것을 본 그가 달팽이 점액질이 건강에 굉장히 좋다는 정보를 떠올리며, 요리에 접목해보면 어떨까 하는 호기심이 들었다. 일단 새로운 식재료가 떠오르면 직접 만들어보고 맛봐야 하는 성격이라 곧장 달팽이 업체 연락처를 수소문해 연락을 취한 것이다. 한식이었다면 살짝 데쳐서 무치면 근사한 요리가 되겠지만 일식을 접목하기에는 조금 한계가 있긴 했다. 그래서 안효주 셰프는 데리야키 소스를 가미해 달콤하면서도 담백한 맛의 초밥을 완성해냈다.

안효주 셰프는 늘 요리에 대한 갈구하는 마음이 가득하다. 맛에 변화를 주기 위해 늘 고민하는 마음, 더 좋은 식재료는 없을지 늘 고심한다. 달걀 하나를 사용하더라도 '자연에서 기르는 건강한 닭에서 나오는 달걀을 사용하면 어떨까?'라고 생각하며 더 좋은 식재료를 찾는 것이다.

안효주 셰프는 제자들에게 '학문여역수행주學問如逆水行舟'라는 말을 강조한다. 강물에 흐르는 돛단배처럼 노를 젓지 않고 가만히 있으면 뒤로 쓸려 내려간다는 말이다. 올라가지는 못할망정 계속 노를 저어야 거꾸로 떠내려가지 않는다. 잠시 노에서 손을 놓는 순간, 순식간에 돛단배는 떠내려가버리기 때문이다. 제자리에라도 있으려면 계속해서 노를 저어야 한다. 40여 년 전과 비교해보면 체력적으로 한계를 느끼고 뒤처지지만 요리에 대한 철학과 생각만큼은 어느 셰프에게도 뒤처지지 않고 싶어서 더 활발하게 움직인다. 육신에는 세월이 있을지 몰라도 영혼에는 나이가 없다고 생각한다.

어린 시절부터 지금까지 요리하는 것이 가장 좋고, 요리 하나만 보고 살아왔다. 여전히 요리를 사랑하는 마음이 가득한 안효주 셰프. 이렇게 순수한 마음을 이길 수 있는 것은 없다. 중요한 것은 바로 이것이다. 좋아하는 것에 대한 마음을 뒤로한 채, 수단으로 여기는 순간 모든 게 어그러진다. 욕심으로 명예를 얻고자 한다면 세상 사람들이 주목할 만한 숫자와 타이틀에 목을 매게 된다.

매일 아침 5시에 집에서 나와 수산시장을 돌고, 하루에 사용할 여러 자루의 칼을 가는 안효주 셰프. 이 과정만으로도 두어 시간은 훌쩍 지나간다. 매일매일 하고 싶은 일, 좋아하는 일을 위해 최선을 다해 준비하고 손님들을 맞이한다.

"예전에는 전력 질주를 하면 요리의 결승선을 끊을 수 있을 줄 알았어요. 지금 생각해보면 결국 저에게는 죽음이 결승 테이프가 될 것 같습니다. 그래서 어떻게 하

면 더 맛있는 요리를 하고 플레이팅을 할 수 있을지 고
민합니다."

재빨리 행주를 빨아 나무 도마를 닦고, 초밥을 쥐는 그의
모습에서 빛이 났다.

자신의 일에서 즐거움을 느끼고 보람을 찾는 사람은
틀림없이 성공한다.
— 헨리 포드

© 정은주

03

아무것도 하지 않으면
아무것도
이루어지지 않는다

조희숙

전 한식공간(미쉐린 1스타) **오너셰프**
1983년 세종호텔 한식당 은하수에서 요리를 시작했
다. 이후 노보텔 앰배서더, 그랜드 인터컨티넨탈 호텔,
신라호텔의 한식당을 거쳐, 2005년 미국 워싱턴 한국
대사관 총주방장을 역임했다. 한식 문화연구소이자 레
스토랑인 온지음의 기틀을 다지기도 했다. 40년 이상
한식을 연구한 한식의 대가로, 한식 세계화와 발전에
기여하고 있다.

"셰프님, 외국에서 메일이 왔는데요. 직접 확인해보셔야겠는데요?"

"바쁜 시간인데 지금 꼭 확인해야겠어? 어디서 온 메일이길래."

정신없이 점심 영업을 마무리한 후 메일을 확인한 조희숙 셰프는 그 자리에서 한동안 말을 잇지 못했다.

조희숙 셰프님.

2020 아시아 최고의 여성 셰프로 선정되셨습니다.

S.Pellegrino & Acqua Panna의 후원으로 일본 사가현에서

열리는 아시아 50대 베스트 레스토랑 2020에 초대합니다.

함께 있던 직원들이 함성을 지르며 환호했지만 조희숙 셰프는 잠시 깊은 생각에 잠기는 듯했다. 잠시 후, 그는 조리복 매무새를 가다듬고 여느 때와 다름없이 주방으로 향했다.

'2020 아시아 최고의 여성 셰프' 상은 레스토랑에서의 실력과 업계에 끼친 영향력을 평가해 아시아 최고의 여성 셰프에게 수여하는 상이다. 지금까지 태국의 봉코흐 '비' 사퐁군Bongkoch 'Bee' Satongun(2018), 필리핀의 마가리타 포레스Margarita Fores(2016), 홍콩의 비키 라우Vicky Lau(2015)처럼 열정과 창의성으로 새로운 미식 기준을 만든 셰프에게 수여되었다.

1년에 단 한 명에게만 수상하는 영광스러운 상을 받는 자리에서 조희숙 셰프는 "모든 아시아 여성 셰프들도 열심히 노력해 자신의 열정을 좇고, 다른 사람들과 지식을 공유하며 영감을 얻기를 바란다"라고 말했다(시상식은 코로나19 여파로 온라인 스트리밍으로 진행되었다).

이 상을 받은 2년 뒤인 2022년 1월 11일, 조희숙 셰프는 미국 경제지 〈포브스〉가 선정한 '50세 이상 성공한 아시아 여성 50인'에 오른다.

〈포브스〉는 성공에는 나이 제한이 없다는 것을 증명한 여성 중 50명을 선정하는데, 배우 윤여정과 함께 이름을 올렸다. 전 세계적으로는 가와쿠보 레이川久保玲(꼼 데 가르송 설립자),

셰마라 위크라마나야케Shemara Wikramanayake(맥쿼리그룹 CEO) 등 해당 분야에서의 영향력과 철저한 소명 의식이 있는 여성, 그리고 자신의 인생 경험을 밑거름 삼아 50세 이후 최고의 성공을 거둔 여성을 선정한다.

이처럼 세계적으로 인정받은 조희숙 셰프지만 그가 처음부터 요리사의 길을 걸었던 것은 아니었다.

자연에서 맛의 기초를 배우다

조희숙 셰프는 1958년 전라남도 광주에서 태어났다. 2남 2녀 중 장녀였다. 어릴 적 그는 서울에서 일하시는 부모님과 떨어져 조부모님과 신안군 섬마을에서 자랐다. 할아버지와 할머니는 낮에는 농사를 짓고, 밤에는 어두운 등잔불 아래에서 새끼를 꼬아 가마니를 짰다. 삼촌은 매일 염전으로 나가 고단한 하루를 보내곤 했다.

그 시절 대부분의 아이들이 그랬듯 어른들이 일을 나가면 혼자 시간을 보냈다. 혼자 너무 지루할 때면 벼농사를 짓는 할아버지와 할머니를 따라가서 논과 밭에서 뒹굴며 놀기도 하고, 삼촌을 따라 바닷가에 가서 종일 뛰어놀기도 했다. 조희숙 셰프는 그렇게 자연스레 자연과 친해졌다.

"희숙아, 이것 좀 먹어봐. 서울에서는 못 먹는 거야."

"할머니, 이건 뭐예요? 처음 보는 건데 향이 엄청 강해요."

바다에서 구해온 신선한 감태에 소금을 넣고 묵혀낸 '감태 김치'를 처음 맛보고선 깜짝 놀랐다. 서울에서는 보지 못했던 음식이 너무나 많았다. 전어 새끼와 고추를 함께 삭힌 젓갈도 있었고, 강 하구에서 망둑어가 많이 잡힌 날에는 양념해서 실컷 먹고 남은 망둑어는 잘 말려 두었다가 구워 먹기도 했다.

논에서 바다에서 자연스럽게 접하고 맛보던 것들, 할머니가 해주시던 낯설지만 맛깔난 음식들, 그렇게 그의 혀에 자연의 맛이 선명히 기억되었다.

어릴 적 자연에서 보낸 시간들은 훗날 한식 요리를 할 때 영감을 주는 '맛의 뿌리'가 되었다. 조희숙 셰프는 그 시절 할머니가 만들어준 음식이 '소울 푸드'라고 말한다.

인생을 바꾸는 가장 빠른 방법은
도전하는 것이다

조희숙 셰프는 학교에 진학할 나이가 되자 서울로 올라와 학창 시절을 보냈고, 1981년 수도여자사범대학(현 세종대학교)에 입학한다. 순위고사(지금의 임용고사)를 치르고 가정교육학과에서 공부한 후, 전라남도 고흥의 점암중앙중학교에서 선생님으로서의 삶을 시작한다. 그때는 '현모양처'가 꿈인 학생들이 많았다. 그래서 가정 선생님은 여성들이 선망하는 직업 중 하나였다.

가정과 교사로 2년 정도 재직하며 안정적인 생활을 하던 겨울 즈음, 서울에 있던 한 선배로부터 전화를 받는다.

"희숙아, 우리 호텔에 사람이 필요한데, 주방에 와서 좀 도와주지 않을래?"

당시 서울 명동에 위치한 세종호텔의 한식 뷔페 '은하수'는 인기 절정의 식당이었는데, 12월에 연회와 행사가 몰리다 보니 일할 사람이 부족했던 것이다. 어차피 겨울방학이니 할 일도 없겠다 싶어 경험 삼아 해보자, 라는 생각에 서울로 가겠다고 답했다.

무언가에 홀린 듯 서울행 버스를 탔고, 12월 19일 너무나도 추웠던 그날, 세종호텔에서 면접을 본다. 한식으로 대한민국을 대표하게 된 요리사 조희숙이 탄생하는 순간이었다.

조리부장은 조희숙 셰프에게 간단한 반찬을 만드는 일부터 고기를 손질하는 법까지 여러 가지를 테스트했다. 처음 만들어보는 음식도 있었지만 조희숙 셰프는 요리하는 것에 대한 두려움이 없었다. 그래서였을까? 테스트 당일, 바로 조리복으로 갈아입고 일을 시작해도 좋다, 라는 말을 듣는다.

겨울방학이 1월 말까지였기에 방학이 끝날 때쯤 다시 학교로 돌아갈 수 있었다. 조희숙 셰프는 주저하지 않고 호텔에서 일을 시작했다.

1년 중 가장 바쁜 12월. 매일 이어지는 연회와 행사로 호텔은 전쟁터를 방불케 했다. 새벽에 출근해 저녁 10시가 넘어서야 퇴근하는 날이 반복되었고, 처음 주방에서 일하는 조희숙 셰프는 밤마다 끙끙 앓았다. 나중에서야 안 사실이지만 그의 어머니는 딸이 왜 잘나가는 학교 선생을 그만두고 고생을 자처하는지 굉장히 속상해했다고 한다.

사실 조희숙 셰프도 마찬가지였다. 매일 퇴근하는 버스 안에서 고민했다. 내가 가야 할 길이 선생인지 요리사인지, 어느 쪽을 택해야 할지에 대한 고민과 그동안 교사가 되기 위해 노력한 모든 것들에 대한 아쉬움이 컸다. 고심하던 조희숙 셰프는 '내가 가진 재능으로 가장 잘할 수 있는 것을 하자'라는 결론에 도달한다.

"교장 선생님, 죄송합니다. 저는 이제 교편을 내려놓아야 할 것 같습니다."

겨울방학이 끝나기 전, 굳은 결심을 하고 사표를 제출했다. 세종호텔 한식당에서 요리사로서의 새로운 삶이 시작되었다.

요리사에 대한 대우가 그리 좋지 않았던 시절이었다. 육체적으로 매우 힘든 직업 중 하나인 데다 4년제 사범대학을 나온 여성이 요리사로 일하는 것은 극히 드문 일이었다. 조희숙 셰프 또한 그러한 상황에 대해 누구보다 잘 알고 있었다. 그대로 계속 아이들을 가르치면 은퇴할 때까지 안정적인 직장과 명예를 보장받을 수 있었다. 하지만 아무리 생각해도 적성에 맞지 않았다. 조금 더 활동적으로 움직이며 생산적인 일을 하고 싶었다. 그래서 과감하게 결단을 내렸다.

성공한 사람들이 기회를 성공으로 바꿀 수 있었던 비결은 무엇일까? 남들보다 기회를 보는 안목이 특출나게 좋았던 걸까? 그들은 목표가 명확했기 때문이다. 그러니 눈앞에 기회가 보이면 망설이지 않고, 핑계 대지 않고 즉각적으로 결단해야 한다. 용기를 내야 한다.

구체적인 목표가 있다는 건 자기 자신이 어떤 사람이고 무엇을 하고 싶은지를 잘 알고 있다는 의미다. 그러니 망설일 이유가 없다. 그만큼 결정도 빠르다. 일에 대한 목표를 발판으로 삼아 뒤돌아보지 않고 집중하고 노력한다.

기회는 모든 사람에게 주어진다. 하지만 왜 사람들은 자신에게 찾아온 기회를 잘 알아보지 못할까? '내가 할 수 있을까?', '나는 못할 거야', '다음에 더 좋은 기회가 오겠지' 이렇게 생각하면서 미루고 변명하기 때문이다. 기회가 없는 것이 아니라 자신에게 찾아온 기회에 대한 비용을 너무 낮게 보는 경우가 많다. 결국 한참이 지나서야 '그때 했더라면' 혹은 '그때 샀더라면' 하면서 기회를 잡지 않은 걸 후회한다.

세상 모든 일은 하나를 얻으면 하나를 내어줘야 한다. 그렇기에 망설임도 따른다. 하지만 아무것도 하지 않으면 아무것도 이루어지지 않는다.

장기적 비전을 위해 단기적 손해를 감수한다.
이것이 성공의 비결이다.
— 빌 게이츠

눈앞에 기회가 보이면 ──────
망설이지 않고, 핑계 대지 않고
즉각적으로 결단해야 한다.
용기를 내야 한다.

지속적으로 타오르는 나만의 에너지를 찾아라

단단히 마음을 먹고 요리사가 되기로 결심했지만 현실은 예상보다 훨씬 더 혹독했다. 한식 뷔페인지라 음식의 가짓수도, 밑 작업을 해야 하는 식재료도 넘쳐났다.

"뭐 하는 거야? 빨리빨리 안 해? 너 저리 가서 껍질 다 벗겨놔!"

선배 요리사가 가리킨 곳을 보니 수육으로 나갈 삶아놓은 소 혀가 큰 광주리에 산더미같이 쌓여 있었다. 막내인 조희숙 셰프에게는 선택의 여지가 없었다. 시키는 대로 무조건 해야 하기에 혼자서 어마어마한 양의 일을 해냈다.

은하수는 아침, 점심, 저녁 뷔페를 모두 운영했던 터라 40여 명의 요리사가 매일 정신없이 일하는 곳이었다. 그만큼 규모가 큰 곳이었고 지금이라면 엄두도 못 낼 차별도 존재했다.

학생들을 가르치던 선생님이 요리를 한다고 하니, '너까짓 게 무슨 요리를 해', '잠시 놀러 온 거구나?'라는 시선이 가득했다. 남성이 아닌 여성이기에 겪는 차별도 상당했다.

일주일에 6일, 하루 12시간 이상 근무하는 건 다반사였다. 쉬는 날엔 피로가 한꺼번에 몰려와 하루 종일 먹지도 않고 골아떨어졌다. 매일 밤 일을 마치고 오면 끙끙 앓다가 다음 날 출근하는 경우가 태반이었다. 이럴 때마다 조희숙 셰프는 다짐했다.

"이 일을 선택한 걸 후회하지 않게 열심히 해보자!"

자신이 사랑하는 일을 찾았기에 체력적인 한계에 부딪혀도 다시 일어날 동력이 생겼다. 남자들만큼 무거운 것을 번쩍 들어 올릴 힘은 없어도 어떻게든 이겨내려는 깡은 있어야 했다. 소갈비용으로 들어온 40킬로그램이 넘는 고기 박스를 날라야 하면 요령 피우지 않고 동료 요리사들처럼 이를 악물고 여러 번 날랐다. 수십 종류의 나물도 각각 커다란 대야에서 무친 뒤 직접 들고 옮겼다. 일을 할수록 몸은 고단했지만 마음은 더 편했다. 지금 해야 할 일에 오롯이 집중했다.

바쁜 와중에도 조희숙 셰프는 '맛있는 한식은 재료와 양념을 가득 사용해서 수북이 담아놓는 것과는 달라야 한다'고 믿었다. 정확하게 맛을 설계하고 한식을 만드는 원리에 대해서도 좀 더 과학적으로 접근해야 한다고 생각했다.

조희숙 셰프는 주방에서 하루의 목표, 한 달의 목표를 달성하기 위해 끊임없이 노력했다. 명확한 목표를 향해 뒤돌아보지 않고 달렸다. 그러다 보니 승진도 자연스럽게 따라

왔다. 남성들로 가득한 치열한 호텔 주방에서 사원에서 주임으로, 주임에서 대리로, 과장급으로 빠르게 진급한다. 5년쯤 지났을 무렵, 세종호텔은 고급 한식당인 '한가람'을 오픈했고 조희숙 셰프는 이곳의 책임자가 된다.

"셰프님, 맞으신 침이 너무 많은데요?"

지금도 병원에 가서 신체검사를 하면 의사들이 깜짝 놀란다. 부족한 체력을 채우기 위해 한의원을 찾곤 했는데, 그때마다 맞은 금침이 100개가 넘기 때문이다.

여기서 지면 요리를 할 수 없다는 생각에 이를 악물고 힘든 시간들을 이겨냈다고 말하는 조희숙 셰프를 보며 프로야구 역사상 두 번째 1000승을 달성한 김성근 감독의 이야기가 떠올랐다.

김성근 감독은 쌍방울 레이더스 감독 시절이던 1998년, 아무에게도 알리지 않고 암 수술을 받는다. 약체팀이던 쌍방울을 이끌면서 밤새 전력 분석을 하는 등 몸을 혹사한 데다 경기 도중 화장실을 가지 않던 습관이 신장에 무리를 줘서 신장암에 걸린 것이다.

한쪽 신장을 제거하는 수술을 받고 병원에서 퇴원하자마자 곧장 야구장으로 돌아와 평소와 다름없이 훈련에 참가했다. 병원에서는 절대 안정을 취해야 한다고 권했지만 다른 사람들에게 약한 모습을 보이는 순간 지는 것이라고 생각하고 버텼다. 통산 1000번째 승리를 거두고 난 후에야 10년 전 수술 사실을 털어놓았다.

"야구를 할 수 없는 삶은 의미가 없다고 생각했습니다."

단 한 번이라도 자신이 가진 모든 것을 쏟아부어 뭔가를 이뤄내본 적이 있는가? 어떤 일이든 최선을 다하기는 매우 힘들다. 최선을 다한다는 건 단기간에 하고 그치는 게 아니라 매일 반복하고 마음을 들이고 지속해야 하기 때문이다. 결국 자신의 일을 좋아해야 가능한 일이다. 그러려면 마음속에 커다란 에너지가 필요하다. 지속적으로 타오르는 에너지는 스스로 격려하고 성취감을 느낄 때 발현되는데, 일을 좋아하고 일에서 기쁨을 찾아야 가능하다.

아무리 먼 길도 즐기면서 걸으면 금방 갈 수 있듯, 자신이 하는 일을 사랑한다면 일하는 과정도 즐기게 된다. 온 힘을 다해 일을 해낸 뒤 느끼는 성취감, 그리고 여기서 얻는 자신감을 반복적으로 충전하면서 목표한 바를 이루고 성공에 이를 수 있는 동력을 얻는 것이다.

"이렇게 적당히 하면 안됩니다. 나물은 더 깨끗하게 씻고, 무 껍질도 깔끔하게 제거해주세요."

"저번에 있던 조리장은 이러지 않았는데 왜 이렇게 깐깐하신 거예요?"

한식당 '한가람'의 책임자가 되어 10여 명의 직원들과 함께 일하게 되었다. 각각 다른 업장에서 일하던 직원들을 한 팀으로 만드는 일은 쉽지 않았다. 하지만 이 일 또한 책임자로서 해결해야 할 일이었다.

조희숙 셰프가 지시한 일이 반복적으로 지켜지지 않자, 직원들을 한 명 한 명 따로 만나 대화를 나누며 근본적인 문제를 파악했다. 그 결과, 직원 모두가 정보를 원활하게 공유해야 한다고 판단했다. 그들의 눈높이에 맞춰서 그들의 언어로 말해야 한다는 것도 포함이었다.

이를 위해 가장 먼저 시작한 것은 반상에 나가는 음식을 모두 그림으로 그려서 주방에 붙여놓았다. 지금 기준으로 말하자면 오퍼레이션 매뉴얼Operation manual인 셈이다. 말로 해서 이해하기 힘들었던 부분들이 그림으로 명확하게 전달되었고, 어느 곳에 어떤 음식을 어떤 방식으로 담아야 하는지를 감으로 일하던 직원들도 시각적으로 제시하니 훨씬 이해가 빨랐다.

재료 사용에 대해서도 근본적인 해결책을 찾았다. 당시만 하더라도 막연하게 재료를 주문해 사용하고 있어 정확한 비용을 산출하지 못해 답답함을 느꼈다. 아무리 장사가 잘 되어도 식재료에 대한 철저한 관리 없이는 레스토랑을 운영하는 데 큰 차질을 겪기 때문이다. 한식과 같이 반찬류가 많은 경우, 특히 더 식재료 비용에 대한 이해를 분명하게 해야 했다. 그렇게 조희숙 셰프는 누구도 시키지 않은 일을 스스로 찾아서 개선해나갔다.

매장에 있는 모든 메뉴에 관한 비용을 산출했고 그만의 자료를 확립한다. 예를 들면 소고기로 수육을 만드는 과정에서 얼마의 비용이 드는지를 확인하는 것이다. 몇 킬로그램의 소고기가 들어왔고, 요리를 하면 실제로 얼마만큼 소모되는지, 그리고 몇 명의 손님에게 전달할 수 있는지를 반복적으로 계산한다. 이런 식으로 한 메뉴당 다섯 번씩 원가와 비용을 산출해 평균을 낸 후, 소요되는 비용을 일일이 계산했다. 꽤 시간이 걸리고 번거로운 작업이지만 이를 통해 체계적인 수치가 확보된 자료를 작성했고, 보다 더 다양한 메뉴를 구성할 수 있었다.

"이번 시즌에는 무침을 넣고, 생선류는 다음 시즌으로 변경합시다."

"갈비찜이 푸드 코스트가 높으니 곁들임으로는 쌈 정식이 좋겠어요."

조희숙 셰프는 한가람을 그저 그런 한식당이 아닌 양식 레스토랑과 비교해도 으뜸이 되는 공간으로 바꾸었다.

이 시기에 대해서 그는 이렇게 이야기했다.

"세종호텔에서의 10년은 제가 뼈를 갈아 넣은 시간이에요."

할 수 없는 일은 과감하게 던져버려라

아무리 잘해도 한곳에만 있으면 시야가 좁아진다. 조희숙 셰프는 세종호텔에서의 10년 생활을 마무리하고 새롭게 오픈하는 노보텔 앰배서더 호텔로 자리를 옮긴다.

당시 외국계 호텔이었던 노보텔 앰배서더에는 프랑스인인 총지배인이 있었는데, 그가 한식에 대한 사명감을 갖게 된 시기가 바로 그때였다.

"한식에 대한 낮은 인식에 정말 속상했습니다. 그래서
어떻게 하면 한식의 가치를 올릴 수 있을지를 고민했
습니다."

호텔 내 한식당인 '다사랑'의 과장급 직책을 맡아 업장을 관리하고 있었는데 총지배인과 외국인 셰프들은 호텔을 경영함에 있어 한식을 전혀 고려하지 않았다. 호텔의 가장 좋은 공간은 외국 음식으로 구성해 한식의 존재감이 미미했다. 한식은 그저 내수 손님들을 잡기 위한 식당이라는 개념이었다.

이를 지켜보는 조희숙 셰프의 마음속에는 외국 음식과 한식에 대한 경쟁의식이 생겼고 좀 더 적극적인 사람으로 변모하는 계기가 되었다. 한식을 호텔 메인으로 부각시키기 위해 목소리를 높이며 노력했다.

당시 조희숙 셰프는 개포동에서 살았는데, 매일 아침 삼성동에 위치한 그랜드 인터컨티넨탈 호텔을 짓는 것을 보며 '나도 언젠가 저렇게 멋있는 호텔에서 일해보고 싶다'는 생각을 하곤 했다.

물론 생각으로만 그치지 않았다. 그랜드 인터컨티넨탈 호텔이 오픈할 시기에 직접 영문 이력서를 써서 제출했다. 결과는 낙방이었다. 당시만 하더라도 총괄 셰프가 본인의 팀을 짜서 입점하는 형태였는데, 이를 전혀 몰랐던 조희숙 셰프는 혼자서 달랑 지원했던 것이다.

그렇게 몇 년이 지난 후, 그에게도 기회가 왔다. 그랜드 인터컨티넨탈 호텔에서 한식 책임자로 와달라는 요청을 받은 것이다. 좋은 기회였다. 조희숙 셰프는 망설이지 않고 기회를 잡았다. 하지만 늘 그렇듯 쉬운 성공은 없다. 그곳에서의

"요리는 화려한 기술만 익히는 게 다가 아닙니다.
훌륭한 인성을 갖추고 겸손하게 대해야 해요.
요리를 제대로 이해한 사람이라면
절대 교만할 수 없습니다."

© 정은주

텃세는 지금까지와는 또 다른 경험이었다.

"3일 만에 가방 싸게 해버리자!"
"우리끼리 영어로만 이야기하자."

조희숙 셰프가 그랜드 인터컨티넨탈 호텔에 첫 출근하던 날, 직원들의 수근거림이 들렸다. 호텔 최초로 외부에서 스카웃한 첫 번째 케이스였던 데다, 한식 책임자로 여성 셰프가 오자 그를 배척하기 위한 텃세가 보통이 아니었다. 그곳에서 일했던 3년 내내 이어진 텃세는 오히려 그를 더 단단하게 만드는 과정이었다.

조희숙 셰프는 꿋꿋하게 그랜드 인터컨티넨탈 호텔 한식당의 기틀을 마련한다. 유일한 여성 과장이었다.

그 사이 여러 번 교수로 와달라는 제안을 받기도 했다. 하지만 현장을 떠나 후배를 양성하는 데 대한 부담이 있었다. 학생들이 자신에게 배우고 싶다고 하면 주방으로 찾아와서 가르치는 것이 더 편하다고 생각했다. 하지만 수십 년 주방에서만 활동하던 그도 요리 인생의 제3막을 준비해야 하는 시기가 왔다.

그동안 쌓은 경험을 바탕으로 학생들에게 한식에 대한 기초와 체계적인 맛의 정의를 가르치고 싶었다.

'한식 관련 학회를 열며 한식에 관한 연구를 본격적으로 진행해보면 어떨까?'

여기까지 생각이 이르자 경상남도 남해에 있는 한 대학교로 가기로 결정했다.

그랜드 인터컨티넨탈 호텔에서의 마지막 날, 조희숙 셰프는 쓰고 있던 셰프 모자에 날짜를 기록하고 이름을 새겼다. 자신의 삶에서 공식적인 주방은 이제 마지막일 것이라 믿었기 때문이다.

2000년 3월, 남해로 내려갔다. 요리사라는 꿈을 가진 학생들을 만나고 새로운 일을 시작한다는 기대감으로 향한 대학이었지만 현실은 그의 생각과 너무나도 달랐다. 셰프로서 학생들에게 알려주고 싶었던 지식들은 아주 기본적인 지식으로만 한정해 전달해야 했다. 한식에 대한 다양한 생각과 변화, 지식은 허용되지 않았고, 현실에서는 모든 것이 점수와 성과로만 판단되었다. 또한 학교에 있기 위해서는 관련 학위가 필요했고, 실무적인 부분보다는 부수적인 일에 에너지가 소비되는 날이 많았다.

이러한 과정을 겪으며 점차 힘이 빠지고 있는 종이 호랑이가 된 느낌이 들었다. 고등학교를 졸업하고 온 학생들이 적성을 찾기도 전에 대학에 진학해 요리사의 길을 걷다가 이탈하는 모습을 보면서 '내가 있어야 할 곳은 현장이구나' 라는 생각을 다시 하게 된다.

다른 사람들이 걸어온 길을 그대로 따라가는 것은 쉽다. 그러나 편안한 길을 걷다 보면 월등한 성과를 얻을 수 없다. 어떤 일을 하겠다고 마음먹었다면 수많은 반대에 부딪히더라도 자신을 믿고 끝까지 밀고 나가야 한다. 물론 이 과정에서 내가 할 수 있는 일과 할 수 없는 일이 무엇인지 냉정하게 판단해야 한다. 그래야 자신이 가진 능력을 최대한 발휘할 수 있다. 만약 내가 할 수 없는 일에 사로잡혀 꿈을 펼칠 수 없다고 판단된다면 과감하게 던져버려야 한다. 결단은 **빠를수록 좋다.**

명예롭지 못한 성공은 양념하지 않은 요리와 같다.
배고픔은 면하게 해주지만 맛은 없다.
— 조 파테이노

내가 할 수 없는 일에 사로잡혀 ————
꿈을 펼칠 수 없다고 판단된다면
과감하게 던져버려야 한다.
결단은 빠를수록 좋다.

고인물은 썩기 마련이다.
다시 현장으로!

"조 셰프, 현장으로 다시 돌아오는 건 어떨까요?"

주방으로 다시 돌아오라는 전화를 받은 조희숙 셰프는 생각해볼 것도 없이 정중하게 거절하고 전화를 끊었다. 학교 선생님으로 시작한 그의 삶이 돌고 돌아 대학교로 돌아왔기에 어쩌면 요리사로서 경력을 마무리하는 가장 안정된 길이라고 생각했기 때문이다.

이후 평소처럼 학교에서 강의를 하던 어느 날, 신문에서 평범하면서도 특별한 문구를 보게 된다.

고인 물은 썩게 되어 있습니다

이건희 삼성 회장이 한 말이었다. 이 문구를 본 순간, 조희숙 셰프는 머리를 망치로 맞은 듯 한동안 멍했다.

당시 삼성그룹은 외부 인력을 적극적으로 흡수하며 조직을 강화하고 있었다. 이건희 회장은 회사 전 직원들을 대상으로 한 강연에서 위와 같은 말을 한 것이다.

삼성그룹 계열사인 신라호텔도 '월드 베스트 호텔로 만들겠다'는 캐치프레이즈를 걸고 다양한 분야의 외부 인사들을 초청하고 있었는데, 마침 한식을 맡을 책임자를 조희숙 셰프에게 제안했다.

요리사로서의 삶을 마무리하려던 시기, 다시 피가 뜨거워지는 느낌이 들었다. 현장에서 미처 펼치지 못한 일들을 해보고 싶었다. 최고의 인력과 함께 다시 한번 쏟아보고 싶어졌다. '해보고 싶다는 마음', 그 마음 하나만으로 그의 인생에 있어 어쩌면 가장 큰 결정을 한다.

조희숙 셰프는 신라호텔 한식당 '서라벌'의 한식 조리장이 되어 다시 현장으로 돌아왔다. 이후 서라벌은 전년 동기 대비 매출이 40퍼센트 이상 올랐다.

조희숙 셰프는 한식 고유의 맛과 색을 살리면서 고급스럽고 세련된 느낌을 주는 메뉴를 선보이기 위해 몰두했다. 한식에 익숙한 한국 사람들에게는 새로운 맛을 선사하고, 외국 사람들에게는 동양적인 미와 맛을 즐길 수 있게 하는 요리를 중점적으로 선보였다. 탕을 진액으로 만들어 소스로 활용하기도 하고, 고기와 상추에 백년초, 밤껍질 등 천연 재료로 색깔을 입혀 초밥처럼 내놓기도 했다.

다양한 메뉴를 만들며 최고의 한식당을 만들어 나가던 시기 예상치 못한 위기가 찾아왔다. 당시 전반적으로 한식당에 대한 상황이 좋지 않았다. 특급호텔의 한식당이 차례로

문을 닫으면서 신라호텔도 그러한 결정을 하게 된다. 퇴사에 대한 압박은 전혀 없었지만 그동안 매진했던 한식당이 사라진 마당에 신라호텔의 다른 주방에서 일하는 것은 무의미하게 느껴졌다. 다시 결단을 내려야 할 때였다.

세종호텔 은하수에서 일할 때는 '우리 호텔에서 만드는 한식이 한국 최고다'라는 자부심으로 일했다. 그때는 한식 전문 레스토랑이 드물었기에 모든 사람들이 은하수를 최고라고 치켜세웠기 때문이다.

항상 1등이라고 자화자찬하던 곳을 떠나 해외 브랜드 호텔인 노보텔 앰배서더와 그랜드 인터컨티넨탈 호텔을 거치면서 한식의 냉정한 위치를 깨닫게 되었다. 이때부터 조희숙 셰프의 한식에 대한 사랑은 더 커졌고, 한식의 가치를 올리겠다는 사명감을 가지게 된다. 특히 신라호텔에서 최고의 한식당을 완성하지 못한 아쉬움은 그의 간절함을 더 커지게 만들었다.

한식의 위상이 많이 높아지긴 했지만 여전히 한식보다 양식이 우선되는 것이 아쉽다. 한국에서 알려진 셰프 중에 오롯이 한식을 만드는 셰프는 몇 명이나 될까? 호텔에서는 메인 키친, 콜드 키친 등 다양한 부서로 나뉘어 양식당을 지원하지만 한식당은 자체적으로 모든 요리를 다 해야 한다. 육수도 끓여야 하고, 나물도 무쳐야 한다. 한식을 위한 지원을 더 많이 하면 자연스레 한식도 더 발전할 수 있다는 것이 조희숙 셰프의 생각이다.

〈중앙일보〉 홍석현 회장이 미국 대사로 부임하던 시기, 조희숙 셰프에게 함께 가자고 제안한다. 홍 대사는 한국 문화에 대한 사랑이 가득했는데, 특히 늘 먹거리에 대한 중요성을 강조했다. 대사관은 각국 대사들을 초대해 교류하는 공간이니, 한식을 대표하는 조희숙 셰프가 가장 적합하다는 판단이었다. 고민은 많았지만 조희숙 셰프는 언제나 그랬듯 새로운 도전을 선택한다.

미국 대사관에서의 첫 연회날, 여러 나라 대사들을 초청해 한식을 즐기는 행사였다. 조희숙 셰프는 대사에게 한국 그릇에 음식을 담아야 음식의 맛과 문화가 더 돋보인다고 여러 지원을 요청했다. 음식과 문화에 대한 이해가 높았던 대사는 비용과 그 외 모든 것들을 전폭 지원했고, 그날 연회에 초청받은 영국 대사는 지금까지 참석한 어느 행사에서도 맛보지 못했던 한식에 깜짝 놀라며 직접 감사 인사를 전하기도 했다.

한국 음식에 대한 관심이 커지자 각국 외교관 부인들을 초청해 쿠킹 클래스를 진행했다. 미국에서의 생활은 새로운 식재료를 한식에 접목하는 과정이기도 했다. 기본 식재료는 한국에서 공수해서 사용하지만 배추와 무 등 신선 재료들은 미국 현지에서 구입해야 했기 때문이다.

서양식 래디시Radish로 깍두기를 만들기도 하고, 청경채에 속을 채워 김치를 만들기도 했다. 한식을 기본으로 하되, 창의적이고 새로운 느낌의 한식을 완성하는 시기였다. 손님의 반응을 보고 다시 만들 때도 있었는데, 여러 과정을 경험해보면서 스스로 정형화된 레시피에 얽매이지 않도록 노력했다. 이때의 경험 때문인지, 지금은 어떤 식재료를 보아도 변형이 가능하다고 자부한다. 지금 돌이켜보면 미국에서의 활동은 그의 한식이 좀 더 넓은 카테고리로 뻗어나가는 계기가 되었다.

매일 매일 하고 싶은 일이 떠오르는 삶. 꿈이 있는 사람은 어제보다 오늘이 더 낫고, 오늘보다 내일이 더 기다려진다. 자신의 꿈을 만나기 위해 최선을 다하며 하루하루가 늘 새롭다. 이런 과정이 쌓여 성공에 도달하는 것이지, 어느 순간 결과가 나타나지는 않는다.

늘 갈망하고 우직하게 나아가라.
— 스티브 잡스

지속가능한 셰프가 되려면
자기만의 요리 철학이 있어야 한다

약 6개월간의 미국 생활을 마치고 돌아온 후, 조희숙 셰프는 한식 연구소인 '한식공간'에서 한식에 대한 전반적인 컨설팅을 맡는다. 이때의 인연으로 2년 후인 2019년 9월, 폐업 위기에 처한 한식공간을 인수해 한식 다이닝 레스토랑으로 변모시킨다. 제대로 한식을 만드는 공간이 사라지는 것에 대한 아쉬움 때문이었다. 조희숙 셰프가 한식공간을 운영한 이듬해 미쉐린 가이드에서 1스타를 받으며 업계를 깜짝 놀라게 했다.

조희숙 셰프는 모던한 한식을 만든다. 한국 음식의 맛과 기본은 유지하되, 누구나 생각하는 담음새가 아닌 그만의 독특함을 추구한다. 맛과 조리 방법은 전통에서 벗어나지 않는 대신, 트렌드에 맞는 고객의 입맛을 반영해 새로운 요리를 만든다.

한평생 한식에만 전념한 그는 전통 한식의 카테고리 안에서 한식이 가진 색다른 매력을 찾으려 노력하고 있다. 음식을 먹을 때 맛과 재미, 그릇이 가진 이야기까지도 신경을 쓰며 한식 코스를 완성한다.

"셰프님, 최종 컨펌을 위해 연락드립니다. 그런데 이렇게 준비해도 괜찮을까요?"

일등석 메뉴

사과, 배, 단감, 오이에 요거트 소스를 얹은 '냉채 애피타이저'

흑미 호두죽

된장-매실 드레싱을 곁들인 샐러드

항정살 묵은지 찜 또는 연어 만두

수정과와 곶감

대한항공 퍼스트 클래스 기내식 메뉴 개발에 참여할 때였다. 행사 담당 총괄이 사장의 시식 행사를 앞두고 조희숙 셰프가 만든 코스에 의문을 제기했다.

정통 한식 정찬 코스는 새로운 시도였다. 기존 서양식으로 구성한 메뉴의 경우, 코스 요리로 기내식을 제공하곤 했지만 정통 한식을 기내에서 전채요리부터 후식까지 코스로 서비스하는 일은 흔치 않았다.

기존에는 죽과 반찬, 메인 요리를 한상차림 형태로 제공했다. 그래서 어떤 음식을 먼저 먹어야 하는지, 어떤 순서로 먹어야 하는지에 대한 혼란이 있었다. 조희숙 셰프는 이를 서양식 요리처럼 코스화 했고, 한식이 낯선 외국인들도 친

"한식에 대한 나의 요리 철학을 지킵니다."

숙하게 한식을 즐길 수 있도록 했다. 특히 퍼스트 클래스에는 한국인 승객뿐만 아니라 외국인 승객들이 많이 탑승하기 때문에 정통 한식 정찬으로 모든 이들의 입맛을 사로잡기 위해서는 부단한 노력이 필요했다. 여러 한식 전문가와 외국인 셰프, 내부 직원들과 30회가 넘게 회의를 했고, 10번이 넘는 실제 품평회를 거쳐 메뉴를 확정하기까지 1년이 넘게 걸렸다.

항정살 묵은지 찜의 경우, 냄새를 최소화하면서도 담백하고 고급스러운 맛을 내기 위해 황태 육수를 사용했다. 일반적으로 궁중식 어만두를 만들 때 사용하는 흰살생선은 피하고 연어와 두부, 나물을 사용해 많은 사람들이 즐길 수 있도록 메뉴를 고안했다.

이 외에도 제철 식재료를 활용해 미나리 맑은국, 게살 된장죽과 같은 계절 메뉴도 준비했다.

조희숙 셰프가 만드는 한식은 외형은 모던함을 가지고 있지만 맛에는 모던함이 없다. 우리가 늘 먹는 식재료를 활용하면서 한식 고유의 깊은 맛을 즐길 수 있도록 준비한다. 눈으로 보기에 판단할 수 없는 것들이 음식에 담겨 있어야 한다고 생각한다.

"양식에 한식적 요소를 얹는 것과 한식이지만 재료에 변화를 담은 것은 다르다고 생각합니다. 여기에서 요리의 기본이 시작되는 것 같아요. 한국적 요소를 느낄 수 있으면서 기법마저 한국적인 것이어야 한국 음식이라 생각합니다. 전 세계 모든 재료를 한자리에서 찾을 수 있는 지금 시대에 정작 음식 속에서 한국적인 요소가 빠질 때도 많기 때문입니다."

젊은 셰프들이 조희숙 셰프를 보고 '모던한 한식을 만드는 셰프'라고 할 때, 그는 명확하게 말한다. 젊은 셰프들이 서양 음식을 공부하고, 서양 음식의 테크닉에 한식을 얹는 것을 모던한 한식으로 표현하지만 조희숙의 음식은 한국의 전통을 지키되 시대에 맞게 재해석하고 요즘 사람들이 좋아하는 방식으로 풀어낸다고. 한식을 기반으로 서양의 식재료를 얹는 것까지를 모던함이라 표현한다면, 그는 거기에는 동의한다.

오직 요리만 잘하는 기계가 되길 원하는 요리사는 없다. 요리를 올바로 이해하고, 주방에서 다양한 경험을 쌓으며, 요리 전반에 대한 생각을 정리해나가야 한다.

주방은 전쟁터처럼 치열하고 어디로 튈지 모르는 상황으로 가득하다. 식재료가 제때 들어오지 않거나, 어제까지 잘

작동하던 냉장고가 고장날 때도 있고, 많은 사람들이 한꺼번에 방문해 준비해놓은 식재료가 순식간에 사라질 때도 있다.

이런 거친 주방에서 오래도록 요리하며 성장하기 위해서는 자신이 어떤 음식을 하고 있는지, 자신만의 요리 철학을 갖는 게 정말 중요하다. 트렌드만 따라가는 것, 유행에 휩쓸리는 것은 '큰길가에는 집을 못 짓는다'라는 말과 같다. 큰길가에 집을 짓다 보면 많은 사람들이 지나가다 한마디씩 던진다. 아무런 기준 없이 외부 사람들의 말에 귀를 기울이다 보면 자신이 관철하고 있던 생각이 흔들리고 만다.

이럴 때 가장 중요한 것은 스스로 중심을 잘 잡고 있는지 확인하는 일이다. 어떤 생각을 가지고 살아가고 있는지 들여다보고 고민해야 한다. 확실한 철학을 가지고 있어야 자신의 일을 밀어붙일 확신이 생긴다.

뻔한 음식이 아닌 편fun한 음식을 만들다

조희숙 셰프는 전통에 전통을 더하는 방식을 사용한다. 연근-새우 냉채와 햇밤죽, 신선 전골 등이다. 특히 전골에 들어가는 채소와 버섯, 고기, 생선 등을 전 형태로 만들어 기존 가장 중요한 것은 스스로 중심을 —————
잘 잡고 있는지 확인하는 일이다.
확실한 철학을 가지고 있어야
자신의 일을 밀어붙일 확신이 생긴다.

전골의 고정관념을 뒤집은 것이 그 예다.

또한 조희숙 셰프는 뻔한 결과물을 내는 것을 싫어한다. 기존 한식 그대로 만드는 게 아니라 새로움을 더해 오롯이 조희숙만의 한식을 담아내고자 한다. 그러자면 더더욱 요리의 기본이 중요하다.

궁중에서 흰살생선에 전분을 묻혀 데쳐서 숙회로 만들던 것에 착안해 주재료를 전복으로 변형한 어채를 만들었다. 전복으로 쫄깃한 맛을 더하고 제철 나물을 곁들이는데 봄에는 숙회, 겨울에는 대파 등을 사용한다. 수삼으로 풍미를 더한 냉채, 도미살을 활용한 도미면(도미전, 고기, 육수가 조화를 이룬 요리), 해삼전 등 우리에게 익숙한 식재료를 재해석하고 문화적으로 새로운 색깔을 입힌다.

조희숙 셰프가 처음부터 이런 요리를 완성할 수 있었던 것은 아니다. 자신만의 한식을 만들기 위해 한국 고유의 음식을 이해하는 것에서부터 시작했다. 조리법을 담은 고서에서부터 궁중-반가 음식, 그리고 지역의 향토 음식까지 거의 모든 한국 음식을 맛보고 연구했다. 상류 계급의 집안 비법으로 음식을 만들어내던 조선 요리옥에서부터 해방 전후의 연회 상차림, 한국 사람들에게 익숙한 탕과 면류를 두루 익혔다.

이러한 과정을 거치자 조희숙 셰프의 머릿속에는 밥-국-김치-반찬이 어우러진 반상차림이 늘 기본으로 자리 잡았다. 이를 바탕으로 새로운 연출을 한다.

처음에는 음식을 위로 쌓는 것을 연습했다. 하지만 이러한 표현 방식은 양식에서 잘 발달되어 있었기에 정답이 아니라 생각했다. 그러다 문득 동아시아 미술의 구도와 선이 떠올랐다. 펼치는 구도였다! 조희숙 셰프는 자신의 생각을 음식에 담아냈고 호평을 얻었다.

조희숙 셰프의 전복어채가 유명해지자, 대만의 미쉐린 2스타 셰프가 한식공간으로 찾아와 식사를 한 적이 있다. 역시나 준비한 코스 가운데 전복어채를 극찬했고, 식사 후 정중히 레시피를 부탁해 알려줬다.

레시피를 받아간 대만 셰프는 대만에서 여러 번 반복해보며 전복어채를 만들었지만 한국에서 먹은 그 맛이 나지 않았다. 대만 셰프는 다시 조희숙 셰프를 찾아왔다. 레시피대로 했는데 왜 그 맛이 나지 않는지 물었다.

원인은 간단했다. 대만 셰프가 기존 레시피에 적혀 있는 감자 전분이 아닌 옥수수 전분을 사용했기 때문이었다. 아주 작은 차이지만 기본적인 것이 하나만 바뀌어도 전체 음식 맛이 바뀔 수 있다는 것을 알려준 계기였다.

조희숙 셰프는 좋은 재료 본연의 맛을 잘 살릴 수 있도록 조리하는 것이 기본이고, 여기에 발효된 한식 장류를 적절하게 조합해 독특한 맛을 내는 게 비법이라고 말한다.

사실 간단한 답이지만 현실은 냉정하다. 세상에 무수히 많은 재료 중에서 좋은 재료를 고르는 것도 실력이고, 전국 각지에 있는 다양한 장들 가운데서 최적의 것을 가려내는 데서 경쟁력이 생기기 때문이다.

요리에는 만든 이의 마음이 담긴다

2021년 미쉐린 가이드 서울 편은 처음으로 '미쉐린 멘토 셰프 어워드'를 함께 발표했다. 대한민국에서 미식 산업이 더 발전할 수 있도록 선후배, 동료를 잘 이끌어준 셰프를 알리기 위해 마련한 상이다.

이 상의 첫 번째 주인공으로 조희숙 셰프가 선정되었다. 미쉐린 측은 '한국 고유의 장인 정신을 갖춘 인물로, 젊은 세대에 기술과 노하우를 전수할 만한 셰프를 선정했다'고 밝혔다.

"단순해 보이는 요리지만
기본을 지키며 재료 본연의 맛을
잘 살리는 것이 중요합니다."

"감사하지만 제게는 너무 과분한 상입니다."

겸손하게 수상 소감을 밝히긴 했지만 수십 년간 여러 호텔을 거치며 쌓은 조희숙 셰프의 리더십은 이미 업계에 정평이 나 있다. 사실 누구보다 더 호랑이 같을 것 같은 조희숙 셰프지만 사람을 가르치는 데 있어서는 절대 다그치거나 강요하지 않는다. 본인은 누구보다 철저하고 노력하는 스타일이지만 스스로 열심히 하지 않는 이를 억지로 끌고 가지 않는다.

주방에서도 마찬가지다. 열정 넘치는 직원들에게는 하나라도 더 알려주려고 하지만 일을 즐기지 못하는 직원에게는 강요하지 않는다.

"메뉴를 보면 그 셰프가 보여요. 요리에 그 사람의 흔적
이 담기는 거죠."

조희숙 셰프는 한식공간 같은 요리 연구소를 만들어 차세대 셰프들에게 단순히 요리 레시피를 전달하는 것이 아닌 요리 전반에 관한 철학과 의견을 나누고 있다. 한식에 대한 명맥을 이으면서 다음 세대에 전하는 역할을 하고 있는 것이다.

"셰프이기 이전에 한 사람으로 확고한 삶의 방향성을 갖고 노력합시다. 그래야 오래도록 일할 수 있어요."

04

일하는 태도에 따라
성장의 크기는 달라진다

신종철

앰배서더 서울 풀만 호텔 총괄 셰프

1992년 4월부터 제주 신라호텔에서 경력을 쌓았고, 2009년 5월 서울 신라호텔로 자리를 옮겼다. 이후 JW 메리어트 호텔 총주방장으로 6년여간, 호반호텔앤리조트 F&B 총괄로 2년여간 활약했다. 현재 앰배서더 서울 풀만 호텔을 비롯, 노보텔 앰배서더 서울 강남, 머큐어 앰배서더 서울 홍대 등을 총지휘하면서 호텔 내, 식음 부문의 수준을 재창조하고 있다.

:

　JW 메리어트 호텔 서울은 개관 이래 첫 한국인 총주방장으로
신종철 셰프를 선임하겠습니다.

　메일을 확인하던 신종철 셰프는 한동안 자리에서 일어나
지 못했다. 파트타임으로 일을 시작해 계약직, 정규직으로
여러 호텔을 거쳐 드디어 특급호텔의 총주방장이 된 것이다.
　"글로벌 브랜드 호텔의 한국인 총주방장으로서 글로벌 호
텔 주방 업계에 한류 바람을 일으키는 데 앞장서겠습니다."
　총주방장으로 출근한 첫날, 이렇게 당당히 포부를 밝힌
그가 가장 먼저 시작한 일은 연구개발R&D 팀을 만드는 일
이었다. 그는 한국 고객의 수요에 부응하며 다이닝 변화와
혁신을 주도하기 위해서는 조리팀과 총주방장 간의 원활한

소통이 필수라고 생각했다. 각 레스토랑의 수셰프Sous Chef(프랑스어로 '요리사의 아랫사람'이라는 뜻이며, 부주방장을 의미한다)들이 참여하는 조직을 만들어 각자 의견을 낼 수 있게 했다.

첫 변화가 일어난 곳은 뷔페 레스토랑이었다. 기존에는 뷔페에서 일하는 담당 셰프들이 메뉴를 만들었다면 일식, 중식, 양식 등 전문 수셰프들이 다양한 신메뉴를 제안해 뷔페 레스토랑을 찾는 손님들이 좀 더 차별화된 음식을 맛볼 수 있게 했다. 음식을 차려만 놓는 뷔페 레스토랑을 넘어서 개별 레스토랑 음식을 한자리에서 즐길 수 있게 된 것이다. 신종철 셰프에게 '뷔페의 신'이라는 별명이 붙은 것도 이때부터다.

그는 전략적 식자재를 발굴해 다른 호텔과 차별화하기를 원했다. "JW 메리어트에서 마시는 커피는 달라", "아스파라거스가 정말 신선해", "JW 메리어트에서는 ○○○쌀과 △△소고기만 사용한대" 등 고객들에게 JW 메리어트만의 인식을 심기 위해 노력했다. 질 좋은 식재료를 기반으로 독보적인 맛을 선보여야 호텔이 브랜드 파워를 구축하는 데 기여할 수 있다고 믿었기 때문이다.

총주방장이 된 지 며칠 되지 않았지만 그는 하고 싶은 일이 너무나도 많았다.

노력은 자신의 의지로 향상시킬 수 있다

신종철 셰프는 제주에서 태어나고 자란 제주 토박이다. 그의 집안은 서귀포 인근 위미리라는 곳에서 감귤 농사를 지었다. 당시만 하더라도 제주도에서 감귤 농사를 짓는 집은 부유했다. 어릴 적 집에 TV와 전화기가 있었을 정도니 꽤 유복하게 자랐다.

제주도에서 수확한 감귤은 판매를 위해 육지로 보내는데, 이 과정에서 감귤이 상하지 않게 저장하는 방법이 굉장히 중요했다. 육지로 이동하는 시간을 고려해 적절한 타이밍에 수확하고 저장해야 고객이 받았을 때 감귤이 알맞게 익어 있기 때문이다.

신종철 셰프의 아버지는 동네에서 사람 좋기로 유명했다고 한다. 동네 사람들이 감귤 저장법에 대한 노하우를 물어보면 허물없이 알려주곤 했는데, 감귤 농사의 핵심기술을 파악한 사람들이 아버지를 배신하면서 그의 집안은 하루아침에 큰 빚을 떠안게 되었다.

신종철 셰프는 타고난 신체 조건과 운동신경이 뛰어나 중학교에 다니던 내내 테니스 선수로 활동했다. 그러나 가세가 급격히 기울자 운동을 그만두고 부산 해양고등학교에 진학한다. 당시 해양고등학교를 졸업하면 공무원 급여의

2~3배를 받을 수 있었다. 졸업 후 전망이 좋은 만큼 진학 경쟁이 꽤 치열했는데 그는 이를 악물고 도전해 입학할 수 있었다.

어려운 집안 살림에도 불구하고 부산에서 유학을 하게 되어 학비를 아끼기 위해 최선을 다해 공부에 매진했다. 그는 1학년 때는 반장, 2학년 때는 학생장, 3학년에 진학해서는 총학생회장이 되어 학비를 지원받는다(당시 해양고등학교 재학생은 3000명 가까이 되었다). 이때부터 청년 신종철은 사회에서 스스로 발을 딛는 법을 알게 되었다.

고등학교 졸업 후, 신종철 셰프는 선박기관사 자격증을 획득한다. 졸업생 대부분은 안정적인 공무원을 선택했다. 하지만 큰 돈을 벌고 싶었던 그는 배를 탄다. 이 자격증이 있으면 750~800달러 정도의 월급을 받을 수 있었는데 그에게는 상당한 돈이었다.

신종철 셰프가 근무한 배는 '카 캐리Car carry'를 하는 외항선이었다. 일본에서 수출용 차를 싣고 미국, 사우디아라비아, 호주 등지로 이동해 차를 내려주고, 다시 차를 싣고 오가는 일을 반복하는 배였다.

3등 기관사였던 그는 배의 냉장·냉동기도 관리했는데 평소 요리에 관심이 많아 중식 전문 주방장과 자주 이야기를 나눴다. 가끔 주방의 고장 난 장비를 고쳐주면서 주방장에게 자장면이나 된장국 만드는 법을 배우기도 했다.

어느덧 배에서 3년의 시간을 보내고 목표했던 목돈을 마련했다. 신종철 셰프는 배 타는 일을 그만두고 곧장 제주도에 와서 아버지가 일궜던 땅 근처에 감귤밭 1,000평을 구입한다.

한창 예민한 시기인 10대에 급격한 변화를 겪었지만 아버지가 억울하게 잃은 땅을 되찾겠다는, 누구보다 확고한 목표가 있었기에 신종철 셰프는 흔들리지 않고 원하던 바를 이뤄냈다. 머릿속으로 생각만 하거나 말로만 떠들며 시간을 허비하는 것보다 자신이 처한 상황을 빨리 파악하고, 가장 잘할 수 있는 쪽으로 노력하는 것이 훨씬 더 좋은 결과를 얻을 수 있다고 믿었기 때문이다.

신종철 셰프는 '노력'은 자신의 의지로 얼마든지 향상시킬 수 있다고 말한다. 다만 전제가 있다. 목표가 명확해야 한다. 구체적인 목표 없이는 탁월한 성과를 낼 수 없다. 목표가 명확할수록 목표를 달성하기 위한 열망이 높아지고, 반드시 실현해내겠다는 잠재의식이 생긴다. 남보다 두 배 세 배 더 집중하고 노력해 마침내 결과를 얻는다.

인생의 전환점이 된 경주호텔학교

제주도에는 특급호텔이 많다. 신종철 셰프가 제주도로 돌아와 쉬고 있을 때 누나는 서귀포 파라다이스호텔에서 근무하고 있었다.

어느 날 누나가 그에게 제안했다.

"종철아, 호텔에서 일해보는 건 어때?"

'호텔리어'라는 직업이 대중에게 그리 알려지지 않았던 때여서 처음에는 그 말을 건성으로 듣고 넘겨버렸다. 하지만 호텔이 그의 운명이었던걸까. 얼마 지나지 않아 그의 생각을 바꾸는 큰 전환점을 맞이하게 된다.

파라다이스호텔에서 진행하는 아웃도어 바비큐 파티에 참석했는데 하얀색 조리복을 입은 셰프가 파스타를 만드는 모습에 흠뻑 반해버린 것이다.

'호텔에서 일해보면 어떨까?'

처음으로 이런 생각이 들었다. 지금과 달리 당시 호텔을

"노력만큼은
누구보다 잘할 자신이 있었죠."

이용하는 주 고객은 특정인들로 한정되어 있었고 인테리어도 굉장히 멋있어서 호텔에서 근무하는 것 자체가 특별하게 느껴졌다.

본격적인 호텔리어가 되기 위해 그가 선택한 것은 경주에 위치한 '경주호텔학교'였다. 경주 보문관광단지 내에 위치한 경주호텔학교는 국제 수준의 유능한 호텔 종사원을 키워내기 위해 1977년에 국내 최초로 설립한 기관이다. 한식 조리, 양식 조리, 호텔 관리 등 세 개 분야에 약 300명 정도를 1년 과정으로 교육했는데 모든 비용이 국비였다. 교과목의 70퍼센트 이상을 실무와 실습으로 가르쳤고, 한 달에 한 번씩 치르는 시험에서 낙제점을 받으면 바로 퇴교해야 할 정도로 학칙이 엄격했다.

당시 경주호텔학교에서 성장한 이들은 한국 호텔업계에서 중추적인 역할을 했고, 지금도 여전히 여러 호텔에서 현역으로 남아 호텔업계를 이끌고 있다(아쉽게도 경주호텔학교는 1999년 공기업 구조조정 시행으로 폐쇄됐다).

신종철 셰프는 이곳에서 훗날 요리 인생의 바이블이 될 모든 것을 익힌다. 칼을 가는 것을 시작으로 1년이라는 시간 동안 오롯이 요리에만 집중해 배우고 익혔다. 400페이지가 넘는 《Basic Culinary》라는 양식 원서를 3개월 동안 번역하며 공부했고, 번역한 책 내용을 바탕으로 6개월 동안 실습을 진행했다.

예를 들면 '달걀'이라는 식재료를 가지고 할 수 있는 모든 요리를 해보는 것이다. 몇 번 시연해보고 마는 게 아니라 일주일 내내 달걀 요리만 했다. 하루는 오믈렛, 하루는 오버 이지Over easy 같은 브랙퍼스트 달걀 요리, 그리고 하루는 에그 샌드위치를 만들면서 다양하게 레시피를 익히고 응용했다.

점차 칼 사용에 익숙해지자 채소를 다루기 시작했다. 동일한 채소여도 어떤 요리를 하느냐에 따라 형태와 모양, 크기를 다르게 해야 맛을 제대로 낼 수 있다. 쥘리엔느Julienne(채소를 가늘고 길게 썬 것, 또는 이를 이용해 만든 수프), 다이스Dice(작은 주사위 모양으로 써는 것), 페이잔느Paysanne(정사각형 모양으로 얇게 써는 것) 등 능숙하게 해낼 수 있을 때까지 연습했다.

실습 시험도 마찬가지였다. 한 번이라도 낙제점을 받으면 그간의 노력이 물거품 되기 때문에 더더욱 집중해 배우는 수밖에 없었다.

"누가 소스를 이렇게 만들었어? 장난해?"

어느 날, 교수님의 불호령에 60명의 학생들이 하얀색 조리복에 셰프 모자를 쓴 채로, 오른손에는 양식 원서를 들고, 경주 보문관광단지 안을 뛰기 시작했다.

이 소동의 원인은 소스의 기본이 되는 베사멜 소스였다. 밀가루와 버터를 1대1로 넣어서 만든 루Roux와 우유의 온도를 동일하게 맞춰야 하는데, 학생 중 한 명이 차가운 우유를 사용한 탓에 소스가 떡처럼 뭉쳐버렸다. 지금이야 걸러내고 다시 만들면 되지만 당시만 하더라도 요리에 대한 정보와 노하우가 없어 소스를 망치고 말았던 것이다. 그만큼 소스 하나를 만들더라도 최선을 다해 만들어야 했다.

그런 혹독한 시간들 덕분일까, 1년 뒤 졸업할 때쯤엔 국가기술자격증인 '양식조리기능사' 시험을 통과하는 게 그리 어렵지 않을 정도로 실력이 향상되었다. 요리로 중무장한 학생들은 전국 각지의 특급호텔로 스카웃되었다. 해외로 요리 유학을 가지 않더라도 국내에서 충분히 실력을 쌓을 수 있다는 것을 보여준 상징적인 존재들이었다.

세계 3대 요리학교, 미국 최고 명문 요리학교 등 최고의 요리사가 되기를 꿈꾸는 학생들을 유혹하는 광고가 넘쳐난다. 그만큼 많은 학생들이 해외 유학을 꿈꾸는 듯하다. 좀 더 넓은 세상에 나가서 다양한 경력을 쌓고 싶은 마음, 혹은 경쟁이 치열한 한국을 떠나 해외파 타이틀을 따서 돌아오고 싶은 마음도 있을 것이다. 해외에서의 경험은 나이 들어서는 경험할 수 없는 소중한 것이라고 조언하는 분들도 있다.

맞다. 해외에서 직접 경험해보니 국내와는 또 다른 값진 경험을 할 수 있었다.

하지만 확신하건데 해외에서의 경험이 모든 걸 해결해주리란 안일한 생각은 접어야 한다. 국내에서 충분히 경험을 쌓은 뒤에 유학을 고려해도 늦지 않다. 처음부터 해외에 나가서 배우고 성공하고 싶다면 한국에서보다 더 치열하게 노력하며 에너지를 쏟아야 하고 운도 따라야 한다. 우선 어학 실력이나 비용 등 해외에서 장기 체류가 가능해야 하고, 한국에서보다 수십 배는 더 복잡한 상황을 맞닥뜨릴 수도 있다. 실제로 깊은 고민 없이 유학을 왔다가 적응하지 못하고 방황하는 친구들이 많다.

뉴욕에서 활동하는 나에게 종종 관련 고민을 상담해온다. 그럴 때면 나는 현실적인 경험담과 함께 류현진 선수를 예로 들곤 한다.

류현진 선수는 한국 프로야구 한화 이글스에서 최고의 선수로 자리 잡은 후, 미국 메이저리그로 당당하게 입성해 최고의 선수가 되었다. 요리로 최고가 되고 싶다면 한국에서 먼저 최고가 된 후, 해외라는 무대에 도전해보는 것은 어떨까?

일하는 태도에 따라 성장의 크기는 달라진다

경주호텔학교를 졸업한 뒤, 제주 하얏트 호텔 등에서 실습을 마친 신종철 셰프는 라곤다 호텔(현 퍼시픽 호텔)에서 처음 계약직으로 요리복을 입는다. 경주호텔학교와 여러 호텔을 거치며 충분히 실력을 쌓았다고 생각했지만 현실은 달랐다.

라곤다 호텔에서는 아시아나항공의 국제선 기내서비스를 담당하고 있었는데, 매일 새벽 샌드위치를 600개씩 만들었다. 긴 테이블에 한 사람이 빵을 깔면, 다음 사람은 빵에 버터를 넣고, 또 한 사람은 올려진 버터를 바르는 식으로 쉴 틈 없이 일이 이어졌다. 샌드위치를 다 만들고 나면 본격적으로 조식을 준비하고, 뒤돌아서면 다시 점심과 저녁 준비로 이어지는 일상이었다.

이곳에서 만난 조리계장은 경주호텔학교 선배였는데, 굉장히 엄격한 데다 모든 음식을 정통 방식 그대로 만들기를 고집했다. 예를 들어, 레드와인 소스를 만든다면 사골을 충분히 구운 다음, 8시간 동안 푹 끓여서 완성한 육수에 갈색이 나도록 구운 스지와 미르포아mirepoix(당근, 양파, 셀러리, 월계수 잎 등을 주사위 모양으로 잘게 다진 것), 레드와인을 넣고 다시 충분히 끓여 완성한다. 이렇게 소스 하나를 만드는 데도 며칠이 걸렸다.

함께 일하기 힘든 까다로운 조리계장이었지만 신종철 셰프는 이때 기본이 되는 현장 지식을 배우고 익히며 호텔에서 성장할 수 있는 계기를 마련한다.

하루에 12시간을 넘게 일해도 힘든 줄 몰랐던 그 시기, 그의 마음속에 꼭 일해보고 싶은 호텔이 있었다. 당시 제주 신라호텔은 제주도에 있는 특급호텔 중에서도 최고로 평가받았다. 신종철 셰프는 언젠가 신라호텔에서 꼭 일해봐야겠다고 다짐했다.

그러던 어느 날, 제주 신라호텔에서 공고가 났다. 그는 주저하지 않고 바로 지원했다. 계약직도 아닌 파트타임이었지만 이왕이면 일해보고 싶은 곳에서 일하고 싶었기 때문이다.

파트타임으로 3개월 정도 일하니, 실습생이 될 기회가 왔다. 2개월의 실습생 기간을 마치니 4개월의 수습생 기회가 왔다. 이 모든 시간을 성실히 일한 뒤 신종철 셰프는 시험을 거쳐 결국 정규직으로 채용되었다.

몇 달간 일해온 곳이었지만 정규직 발령을 받고 호텔 주방에 들어서자 예상치 못한 난관이 그를 기다리고 있었다. 기존 선배들이 그를 배척했다. 타 호텔에서 일한 경력이 있는 사람이 후배로 들어오는 것이 달갑지 않았기 때문이었다. 또 다른 이유도 있었다. 각 요리사의 레벨에 따라서 할 수 있는 일이 나뉘어 있었는데, 특히 값비싼 소고기는 주임급만 다룰 수 있었다. 그런데 신종철 셰프가 주방에 있던 누구보다 뛰어난 솜씨를 보여주니 이 모습을 본 선배들이 그를 못마땅하게 여긴 것이다.

신종철 셰프는 그런 과정조차도 무척 재미있었다. 이 정도 시련은 이겨내야 한다고 생각했다.

그는 매일 아침 일찍 출근해 커피를 탔다. 출근 시간은 오전 9시였지만 매일 8시 20분까지 출근했다. 전날 널어둔 행주를 정리하는 등 가벼운 일을 해놓고, 스테인리스 컵에 다방커피를 타서 출근하는 선배들에게 한 잔씩 대접했다. 커피 한 잔에 담긴 그의 마음이 느껴졌던 걸까. 처음에는 그를 배척하던 선배들도 점차 그의 요리에 대한 진심을 인정하게 되었고 시간이 얼마 지나지 않아 한 팀이 되었다.

나는 누구나 자신이 하는 일을 통해 성장한다고 생각한다. 누구나 인정할 만한 대학교를 졸업한 후, 치열한 경쟁을 뚫고 대기업에 입사한 신입사원이 가장 먼저 하는 일은 무엇일까? 복사나 잡무 등 기본적인 업무다. 주 업무의 보조 역할을 익히면서 팀에 도움이 되는 업무를 차츰 맡게 된다. 드라마에서처럼 '짠' 하고 대형 프로젝트를 바로 맡기는 경우는 흔치 않다.

시간이 지나면서 '복사만 하는 직원'과 '복사도 잘하는 직원'으로 나뉜다. 아마도 복사도 잘하는 직원은 회사 내 모든 일에 관심이 많은 직원일 것이다. 어느 부서에서 어떤 일을 하는지, 그 일을 누가 어떻게 진행하고 있는지, 사교성이 높다면 이미 구내식당 직원들과도 친해져 있는 경우도 있다.

내가 워커힐 호텔에서 계약직으로 근무할 때, 1년 동안 카트를 끌고 식재료를 받아오는 업무를 담당했다. 한 번에 빨리 식재료를 옮기기 위해서 커다란 3단 카트를 꽉 채울 만큼 한꺼번에 많은 짐을 실어 날랐다.

점심 영업이 끝나고 오후 3시가 되면 부리나케 선배들이 필요한 비품들, 저녁 협업 때 사용할 식재료들을 가지고 오기 위해 호텔 여기저기를 뛰어다녔다. 몸은 고달팠지만 나는 이 과정 자체가 힐링이었다. 레스토랑이 10곳이 넘는 커다란 호텔을 신나게 구경할 수 있는 유일한 시간이었기 때문이다. 다른 레스토랑의 선배 셰프들을 만나 이것저것 궁금한 것들을 물어보기도 하고, 김치를 가져오기 위해 김치 공장에 들렀을 때도 여러 종류의 김치를 만드는 과정을 직접 보면서 배우기도 했다.

같은 공간에서 같은 시간을 보내도 각자 일하는 태도에 따라 성장의 크기는 달라진다. 사실 일이란 그리 거창하지 않다. 자신이 속한 환경에서 다양한 경험을 축적하고, 그 경험을 고객에게 어떻게 제공할까 고민하는 것이야말로 자신을 성장시키는 핵심이다.

나에게 닥친 현실을 부정적으로 받아들이는 사람이 있는가 하면 어떤 상황이든 긍정적이고 적극적으로 문제를 바라보고 대처하는 사람이 있다. 어떠한 선택을 하느냐에 따라 미래는 확실히 달라진다.

힘든 현실이지만 불평불만을 먼저 늘어놓기보다는 좀 더 감사하는 마음으로 상황을 바라본다면 환경은 변화한다. 긍정에너지는 전혀 생각하지 못했던 부분에서부터 주위 환경을 변화시킨다. 주어진 모든 것에 감사하기, 맡은 일을 기꺼이 해내기. 아주 작은 일이지만 커다란 성공의 시작이라 믿는다.

불확실한 미래와 싸워 이기는 법

신종철 셰프가 제주에서 일할 때, 많은 호텔들이 대기업과 연수 프로그램 협약을 맺고 있었다. 보통 2박 3일 일정으로 호텔에 머물며 세미나와 여러 프로그램을 진행했는데, 하루

주어진 모든 것에 감사하기, ——————
맡은 일을 기꺼이 해내기.
아주 작은 일이지만
커다란 성공의 시작일 수도 있다.

에도 수백 명씩 오곤 했다.

1994년 6월 15일 아침 조식

코리××   500명

△△생명   450명

암○○   550명

호텔에 커다란 연회장이 있어 대규모 연회나 행사 진행에는 문제가 없지만 인원에 맞춰 음식을 내는 일은 쉽지 않았다. 조식은 한식을 기반으로 준비해야 했는데, 50인분짜리 밥솥이 10개밖에 없어 인원수에 맞춰 밥을 하려면 꼭두새벽부터 계속 밥을 앉혀야 했다. 기본적으로 준비해야 하는 밥, 김치, 된장국만 해도 엄청난 양이었다.

된장국은 1인 300CC 기준 500명이면 150리터가 필요하다. 호텔에서 가장 큰 스팀 솥의 크기가 200리터였으니 국을 끓여내는 대로 워머기에 부어 보관하다가 고객에게 서빙했다.

대량 인원으로 쉴 새 없이 일하던 어느 날이었다. 완성된 국을 큰 솥에 부어 카트에 싣고 연회장으로 이동하는 찰나였다. 국물이 들어 있어서 카트 무게가 상당했는데, 그만 복도 문턱에 카트 바퀴가 걸려 국이 다 쏟아지고 말았다. 온 복도가 된장국으로 넘쳐버린 대형 사건이었다.

'시간이 너무 촉박한데, 어떻게 시간 안에 준비하지?'

신종철 셰프는 바지와 신발이 뜨거운 된장국으로 범벅이 된 것은 아랑곳하지 않고, 그 순간 어떻게 다시 된장국을 빨리 끓여야 할지만 머릿속에 떠올랐다.

현장을 재빨리 수습하고 메인 주방으로 달려온 그는 스프에 사용하려고 준비했던 육수를 가지고 와서 커다란 소스 솥에 부었다. 동료 요리사가 빛의 속도로 호박과 배추를 썰고, 그 사이 그는 육수에 된장을 풀어 준비했다. 다행히 화력이 강해서 10분 정도 지나자 국이 끓기 시작했고, 재료를 모두 넣고 최대한 빨리 된장국을 완성했다. 가까스로 조식 시간에 맞춰 서빙을 할 수 있었지만 아찔했던 이때의 기억은 아직도 선명하다.

"레드와인 소스 준비해놓고, 스테이크용 고기도 다 6온스 사이즈로 손질해놔!"

요즘이야 준비사항이나 음식과 관련된 업무 상황들을 선배들이 알려주면 메모해두고 차근차근 일을 하지만 당시만 하더라도 노트에 적는 것이 금기시되어 있었다. 실수하지 않으려면 요령껏 눈에 띄지 않는 곳에서 재빨리 메모하고 주요사항을 잊어버리지 않도록 긴장을 늦추지 않아야 했다.

이처럼 호텔의 일상은 하루하루가 전쟁터였다. 하지만 신종철 셰프는 가장 뜨거웠던 때라고 기억한다.

그의 가슴에는 터질듯한 요리에 대한 사랑이 있었다. 이른 아침부터 잠이 드는 순간까지 긴장하며 하는 일은 고단했지만 일을 좋아했기에 일을 찾아서 하는 적극적인 사람이었다.

좋아하는 마음만큼 큰 원동력은 없다. 위대한 업적을 이룬 사람들을 살펴보면 하고자 하는 일에 진심을 다한다. 자신의 일을 사랑한다. 처음부터 내 일에 확신을 가지는 사람은 많지 않을지도 모른다. 하지만 일을 사랑하는 사람, 혹은 일을 사랑해야겠다고 마음먹은 사람들은 모든 일에 적극적이다. 이러한 에너지는 인생을 살면서 겪게 되는 가장 힘든 순간에 발휘되어, 결국 삶이 향상되고 선순환된다. 삶의 에너지가 긍정적으로 바뀐다.

전설의 다금바리를 살려라

서울 신라호텔로 자리를 옮긴 신종철 셰프는 주방 내 품질관리 담당을 맡아 호텔 내에서 발생하는 불필요한 재료비를 절감하는 일을 맡았다. 그러던 중 제주 신라호텔의 일식당에서 연락이 왔다.

"셰프님, 저희 수족관이 작아서 그런지 다금바리(제주도에서 잡히는 귀한 생선)가 3일도 되지 않아 죽어버리네요. 해결할 방법이 있을까요?"

다금바리 때문에 골머리를 앓고 있다는 소식에 급히 미팅을 했다. 다금바리는 제주도에서도 '진짜'를 먹어본 사람은 드물다고 할 정도로 귀하게 대접받는 생선이다. 한 마리에 30만 원을 호가하는 생선인데 수족관에서 3일도 채 버티지 못하고 죽으니 손실이 이만저만이 아니었다. 다금바리는 죽는 순간, 가치가 10분의 1도 안 되게 떨어지기 때문이다.

제주 출신인 신종철 셰프였지만 며칠을 고민해도 답이 나오지 않았다. 처음에는 수족관 크기에 초점을 맞춰 조금 더 큰 수족관에 다금바리를 보관했다. 하지만 여전히 3일을 버티지 못하고 죽어버렸다. 결국 직접 제주도로 내려가 국내 최고의 '물 박사' 다섯 명을 만났다. 해양수산부 전문가, 제주대학교 교수, 삼다수 관계자, 해양대학교 심층수 박사 등 바다, 물과 관련된 전문가들과 다금바리에 대한 의견을 나누었다. 이들의 공통된 의견은 다금바리가 살기에 적합한 물을 제공해야 한다는 것이었다.

———— 좋아하는 마음만큼
큰 원동력은 없다.
자신의 일을 사랑하는 사람들은
모든 일에 적극적이다.

"헛고생만 하고 있었네요. 다금바리는 심해어입니다. 환경이 문제가 아니라 물이 문제인 거죠."

"물이요?!"

다금바리는 심해에 서식하는 생선이기에 갯바위 낚시로는 잡기가 어렵다. 다금바리를 살려서 보관하려면 심층수에 넣어야 하는 것이다. 바닷물의 표층수는 1~5미터를, 심층수는 보통 50미터 이상 아래에 있는 물을 의미한다. 심층수는 햇빛에 노출되는 시간이 적어 미네랄과 무기염류가 풍부해 이곳에서 사는 다금바리가 탄력도 좋고 맛도 더 좋은 것이었다.

문제의 원인을 깨달은 신종철 셰프는 해양 심층수를 찾아 나섰다. 여러 곳을 수소문해 제주도 한림에 위치한 농어 양식장에서 심층수를 사용하고 있다는 정보를 얻었다. 그곳에서 심층수를 구한 그는 직접 테스트를 진행했다. 여러 마리의 다금바리 꼬리에 빨간색, 노란색, 파란색 고무줄을 묶어 며칠을 살 수 있는지 확인했다.

매일 출퇴근할 때마다 초조한 마음으로 '오늘은 다금바리가 살아 있을까?'를 반복했다. 공수해온 심층수의 수온과 최적의 환경을 확인하면서 공들인 결과, 3일 만에 죽던 다금바리들이 최대 27일까지 살아 있었다. 대성공이었다. 직접 발로 뛰며 고심한 끝에 최고의 재료를 최상의 상태로 보관할 방법을 찾았다.

이후 호텔에서는 안정적으로 다금바리를 사용할 수 있게 되었고, 더 많은 손님들이 신선하게 즐길 수 있었다. 과정은 쉽지 않았지만 최고의 음식은 최고의 재료에서 나온다는 믿음 때문에 가능한 일이었다.

샐러드마저 특별하게 만드는 '뷔페의 신'

신종철 셰프가 2015년 JW 메리어트 호텔의 한국인 총주방장으로 합류했을 때, 호텔에서는 과감한 투자로 대대적인 재단장을 하고 있었다. 그중에서도 레스토랑에 엄청 공을 들였는데, 신종철 셰프는 조금 저조했던 뷔페 매출을 향상시키기 위해 1년여 동안 국내외 특급호텔 뷔페를 찾아다니며 메뉴를 개발했다.

당시만 하더라도 뷔페 레스토랑들은 맛있는 음식을 많이 내어 가짓수로 승부를 보는 데 익숙했다. 고급 호텔 뷔페가 범람하는 요즘은 고객 앞에서 바로 음식을 조리하는 라이브 스테이션이 익숙하지만 그때는 흔하지 않았다. 그는 뷔페를 찾아오는 고객들을 위해 좀 더 음식에 가치를 담아내고 싶었다. 뷔페를 먹으러 간다가 아니라 '뷔페 레스토랑에서 맛있는 음식을 대접받는다'라고 뷔페에 대한 인식 자체를 바꾸고 싶었다.

호텔 측과 상의하며 새롭게 오픈할 레스토랑의 동선을 만들었다. 특히 고객이 음식을 맞이하는 순간의 감정이 특별해야 한다고 생각했다. 뷔페에 들어서는 순간부터 그 느낌을 주고 싶었고, 30여 명의 셰프들이 각자의 라이브 섹션에서 분주히 움직이는 모습을 보여주고 싶었다. 모든 섹션마다 라이브 스테이션을 마련해 고객들이 셰프의 역동성은 물론, 재료에 대해서도 신뢰할 수 있게 하는 것이다. 고객들은 라이브 스테이션에서 자신의 취향에 맞게 즉석요리를 주문할 수 있고, 테이블마다 스페셜 요리를 가져다주는 패스 어라운드 메뉴도 구성했다. 그러나 이 과정에서 호텔 측과 셰프들의 반대가 극심했다.

"그냥 다른 곳처럼 하시죠. 이렇게 스테이션을 만들려면 공사 기간도 오래 걸리고 비용도 많이 듭니다."
"셰프님, 오픈 주방으로 만들면 일이 두 배가 됩니다!"

모든 관계자와 셰프 들을 설득하는 시간이 필요했다. 그

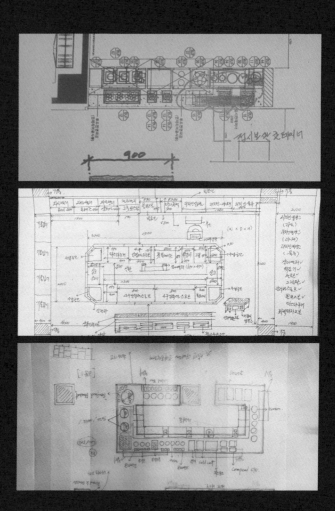

"다른 곳과 비슷하게 하고 싶지 않았습니다.
다른 곳보다 월등하게 차별화된
뷔페로 만들겠다고 다짐했죠."

가 만들고 싶은 공간은 단순히 음식을 진열해놓고 많이 먹는 곳이 아니라, 셰프의 음식을 즐기는 공간이라는 설명에 결국 모두가 동의했다.

이런 노력 끝에 새롭게 오픈한 '플레이버즈'는 전과 비교해 230가지 이상의 메뉴를 바꿨다. 소스도 전부 바꾸고 기본이 되는 맛도 재정비했다. 한식에 들어가는 육수를 교체하고, 쌀국수의 고기 육수도 소고기를 직접 끓인 뒤 향신료를 섞는 등 하나하나 공을 들였다.

가장 신경 쓴 부분은 바비큐 섹션이었다. 양갈비와 LA갈비를 포함해 12가지 정도의 그릴 메뉴를 준비했고, 라이브 스테이션에서는 고객 앞에서 고기를 바로 구웠다. 두 사람의 셰프가 '치이익' 소리와 함께 연기를 내며 구워내는 바비큐 섹션의 역동감은 모든 이목을 끌기에 충분했다.

피자는 주문과 동시에 화덕에서 구워 2분 내 제공하는 시스템을 구축했고, 4가지 고급 치즈를 녹여서 만든 크림소스로 스파게티 섹션을 업그레이드했다. 일반적으로 고급 뷔페에서는 피자나 파스타를 거르기 쉽고 간단하게 맛만 보는 정도지만 손님들은 이런 기본 메뉴로 뷔페 수준을 확인한다는 게 신종철 셰프의 철학이다. 이 때문에 샐러드 역시 인근 로컬 농장에서 공수한 제철 채소와 직접 만든 드레싱을 활용해 질 좋은 재료로 본연의 맛을 즐길 수 있도록 했다.

이처럼 치열하게 준비한 덕분인지 플레이버즈는 개장하자마자 '올 데이 다이닝 뷔페'라는 칭호를 얻게 되었고, 6개월치 주말 뷔페 예약이 만석일 정도로 인기를 누렸다.

신종철 셰프의 새로운 시도는 업계에도 엄청난 파장을 일으켰다. 한국의 거의 모든 뷔페 레스토랑들이 라이브 스테이션을 구축하면서 트렌드가 바뀌었고, 신종철 셰프는 '뷔페의 신'이라 불리게 된다.

최고의 R&D는 좋은 식재료의 발견이다

2020년 9월, 신종철 셰프는 호반그룹이 운영하고 있는 호반 레저 F&B의 총괄업무를 맡게 된다. 제천에 위치한 포레스트 리솜, 덕산 스플라스 리솜, 안면도 아일랜드 리솜, 제주 퍼시픽 리솜 총 리조트 4개, 골프장 2개의 식음 상품을 개발하고 운영하는 역할이다.

전국적으로 퍼져 있는 리조트의 위치 탓에 각 지역별로 동분서주할 수밖에 없는 상황이었다. 관리해야 할 리조트들이 지리적으로 너무 멀리 떨어져 있어 회사 측의 배려로 차량을 지원받아 사용했는데, 어느 날 귀가하는 길이었다. 계기판을 보고 놀란 대리기사님이 물었다.

"대체 어떤 일을 하시는데 이렇게 운행 거리가 많으세요?"

"저 요리사, 주방장입니다."

"에? 정말요? 요리사가 무슨 운전을 이렇게 많이 하세요?"

"허허 그러게요. 궁금한 식재료가 있으면 매번 직접 확인해야 하니 그렇네요."

출고된 지 2년이 안 된 차량의 운행 거리가 무려 9만 8,000킬로미터였다. 신종철 셰프는 식재료에 있어서 궁금한 점이 있으면 참지 못한다. 몸이 근질근질거려 바로 산지로 출동해버린다. 요리를 할 때 좋은 식재료를 확보하는 것이야말로 좋은 요리를 만드는 일등공신이라 생각하기 때문이다. 최적의 식자재 산지를 조사하고 농가와의 직거래를 통해 안정적 수급은 물론, 균일한 품질과 좋은 품질의 식자재를 사용할 수 있게 했다.

전국의 어지간한 산지는 안 가본 곳이 없다는 신종철 셰프. 제주의 애플망고·한라봉·감귤, 영광 굴비·블루베리·블랙베리, 완도 전복, 노화도 김·미역, 여수 갯장어, 철원 오대미와 파프리카, DMZ 와사비, 덕산 사과 등 그는 시간이 날 때마다 산지를 돌아다니며 좋은 품질, 가성비 좋은 식자재를 공수하기 위해 노력하고 있다.

"기본에 충실하고 메뉴 개발을 위해 노력을 아끼지 않아
야 고객을 만족시킬 수 있습니다."

서울을 벗어나 지방에서 메뉴를 개발할 때 가장 힘들었던
점은 서울 도심지 호텔과 달리 지방에 위치한 호텔에서는
객단가를 낮춰야 하는 현실이었다. 서울에서 부담 없이 사
용하던 식재료도 지방 현장에서는 1만 원에서 5만 원 사이
의 가격대로 음식을 만들어야 하는 제한적인 상황이니 기존
구성을 동일하게 적용할 수 없었다.

특히 8,000원대 김치찌개, 2만 원대 고등어조림 등 대중
적인 메뉴를 개발할 때가 가장 힘들었다. 리조트를 방문하
는 고객의 특성상 대중적인 메뉴를 선호했고, 이에 부응하
기 위해서는 일반 식당에서 파는 음식들과 비교해 경쟁력
있는 가격과 맛이 필수였기 때문이다. 신종철 셰프는 호반
에서 근무할 당시를 30여 년간의 요리 인생을 되돌아볼 수
있는 시간이었다고 말하기도 했다.

이렇게 고민을 거듭해 탄생한 것이 돼지고기 듬뿍 김치찌
개, 제주 애플망고 빙수, 막걸리 반상, 시그니처 곡물 브레드
등이다. 고객들의 입맛에 익숙한 식재료를 활용해 메뉴를

구성하되, 기존에 볼 수 없었던 담음새를 더해 고객들이 다가오게 만들었다.

그리고 조식 뷔페 단가를 3만 9,000원으로 책정했는데, 비싸다고 주변 업계들에 핀잔을 듣기도 했다. 하지만 우려도 잠시, 많은 고객들에게 호평을 받으며 한 시간씩 줄 서서 먹는 리조트 조식 뷔페 레스토랑이 되었다.

지방이기에 안된다는 편견을 깨고, 가격에 음식의 퀄리티를 맞추는 게 아니라 최고의 음식을 적정한 가격에 선보이면 고객의 만족을 더 크게 이끌어낼 수 있다는 것을 제시하고 증명해낸 일이었다.

'호텔 셰프가 호텔을 나와서 식당을 차리면 망한다'는 말이 있다. 고급 호텔에서만 일해본 셰프는 현실 감각이 떨어진다는 의미일 것이다. 사실 호텔 레스토랑이건 일반 음식점이건 주 고객층을 파악하고 이들을 만족시킬 수 있는 음식을 만들기 위한 고민의 과정은 비슷하리라 생각한다. 이런 면에서 보면 셰프는 맛있는 요리를 만드는 건 기본이고, 자신의 요리를 더 많은 고객들이 찾을 수 있도록 고민하는 뛰어난 전략가이자 마케터여야 한다.

김치찌개, 삼겹살, 보쌈, 곰탕, 고등어 구이 등 일반 음식점과 경쟁해 고객을 가게로 끌어모으는 것은 야전 전투와

"제가 만들어온 음식에 대해 되돌아보는 시간이었습니다.

같다. 신종철 셰프는 일주일에 서너 번은 먹게 되는 일상의 음식에 특별함을 더하기 위해 좋은 식재료에 주목했다. 치열한 전투에서 승기를 잡으려면, 보다 많은 고객이 내가 만든 음식을 찾게 하려면 내가 가진 무기, 즉 식재료가 가장 중요하다는 생각에서였다. 소스, 가니쉬, 담음새 등은 맛있는 요리를 위한 부수적인 부분이다. 반드시 좋은 식재료가 기본이 되어야 한다. 신선한 파프리카 하나만 있어도 깨끗하게 씻어 맛있는 샐러드를 만들 수 있다. 비옥한 땅에서 자라는 쌀로 밥을 짓는 것만으로도 충분히 맛있는 음식의 기본이 된다.

내가 믿는 것에서 답을 찾아라

"영광에서도 애플망고가 재배된다고? 오케이! 지금 바로 내려갈게."

통화가 끝나자마자 신종철 셰프는 서둘러 출장 준비를 했다. 제주도에서만 재배되는 줄 알았던 귀한 애플망고가 전라남도 영광에서도 구할 수 있다는 반가운 소식이었다.

망고 빙수 열풍이 불어 좋은 퀄리티의 망고를 공수하기가 굉장히 힘든 때였다. 생산량이 공급량을 따라가지 못하자 망고 하나 가격이 몇만 원을 호가하기도 했다. 하지만 그마저도 구하기 어려웠다. 망고 빙수를 찾는 고객들을 그냥 돌려보낼 수는 없기에 각 호텔에서는 질 좋은 망고를 구하는 데 혈안이 되어 있었다.

한국에서 생산되는 애플망고는 대부분 제주도에서 재배된다. 그런데 기후변화로 인해 영광에서도 재배하게 된 것이다. 몇 해 전 영광 굴비 답사 때 만난 분께 명함을 드렸는데 이후에도 꾸준히 연락을 드리며 좋은 식재료를 찾아왔던 그는 마침 이 소식을 듣게 되었고, 바로 영광으로 달려갔다.

영광의 애플망고 농장을 직접 살펴본 신종철 셰프는 깜짝 놀랐다. 규모가 제법 큰 시설이었기 때문이다. 유리 온실로 된 농장 천장에 커튼을 설치해 일광을 조절하고 스프링쿨러를 통해 시간대별로 수분을 공급하고 있었다.

신종철 셰프가 가장 먼저 확인한 것은 애플망고의 품질과 가격대였다. 영광에서 재배한 애플망고는 굉장히 만족스러웠다. 현재 우리나라에서 재배되는 어떤 망고와 비교해도 품질이 좋고 당도도 충분했다. 다만 가격이 발목을 잡았다.

"최상급 상품이지만 이렇게 가격이 높으면 저희 업장에서는 사용할 수 없습니다."

애플망고 하나 가격이 애플망고 빙수 한 그릇의 푸드 코스트를 계산해서 나올 수 있는 최대한의 예산을 초과했다. 아쉬움에 발길을 떼지 못하고 있던 찰나, 신종철 셰프는 담당자에게 조심스럽게 물었다.

"'망고의 눈물'은 없나요?"

'망고의 눈물'은 따야 하는 시기를 하루 이틀 늦었거나 최상품으로 담기에 모양이 살짝 아쉬운 것을 말한다.

담당자는 깜짝 놀라 "셰프님이 그걸 어떻게 아시나요? 이건 정말 저희 농장에서도 소량만 생산되는 제품입니다만…"이라고 말을 흐리며 망고의 눈물을 가지고 나왔다.

신종철 셰프는 준비해간 당도계로 당도를 쟀다. 10, 11, 12… 점점 올라가던 당도계가 24브릭스에서 멈췄다. 일반적으로 최상품의 애플망고를 판단할 때 기준이 되는 당도가 19-23브릭스인 점을 감안하면 최상품의 당도를 담고 있으면서 단가도 맞출 수 있는 최적의 제품이었다.

"애플망고를 저희에게 납품해주실 수 있을까요? 앞으로 전량 구입하겠습니다."

신종철 셰프는 농장과 계약을 맺고 농장에서 생산된 모든 '망고의 눈물' 제품을 공수한다. 매장에서는 최상급 애플망고로 만든 빙수를 다른 호텔의 동일한 빙수 가격의 3분의 2 가격으로 판매했다. 망고 수급이 어려웠던 호텔들이 망고

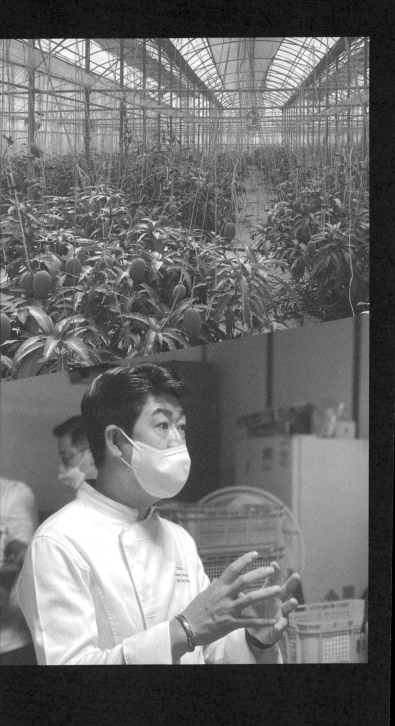

빙수 한 그릇에 12만 원 이상으로 인상한 데 반해, 신종철 셰프는 직접 발로 뛰며 재료를 공수했기에 맛은 훨씬 좋으면서 소비자들이 부담 없이 맛볼 수 있도록 했다.

열심히 일하며 남들보다 좋은 성과를 내다 보면 주위 사람들이 시기나 질투를 하기도 한다. 이럴 때 이렇게까지 하는 게 맞는지, 남들처럼 적당히 하는 게 나은지 흔들릴 때가 있다.

'잘하고 있어'라는 말보다 '그렇게 해봤자 소용없어. 회사에서 아무도 알아주지 않아', '열심히 해봤자 나만 손해야'라는 말을 더 많이 듣는 세상이지만 자신의 믿음을, 확신을 꿋꿋하게 밀고 나가는 힘이 중요하다. 올바른 자신의 신념으로 실행하는 일은 어리석은 일이 아니라 인생을 소비하는데 있어 정도正道를 가고 있는 것이기 때문이다.

믿음을 가질 것!
잘못된 결정을 하게 될까 봐 걱정하느라
모처럼 주어진 절호의 기회를 탕진하지 마라.
— 제프리 레이포드

스스로 만든 한계를 지워버려라

"이렇게 놓으면 안 되죠. 다시 해주세요."

"뷔페 트레이 앞에 놓일 앞접시들, 줄이 맞지 않네요. 다시 해주세요."

"디저트 위에 잎을 하나 더 올리면 좋겠네요. 다시 해주세요."

호반그룹에서 3년여 간의 여정을 마무리하고 서울로 돌아온 신종철 셰프. 앰배서더 서울 풀만 호텔의 총주방장이 된 그는 'Mr. 다시 해'로 불린다. 완벽하게 마음에 들 때까지 어느 것 하나 대충하는 것을 용납하지 못하는 그의 성격 탓이다. 여간 깐깐한 것이 아니다. 뷔페 트레이 앞에 놓인 앞접시의 각이 약간이라도 흐트러져 있으면 모두 다시 세팅하라고 지시할 정도다.

신종철 셰프는 앰배서더 호텔로 오고 나서 '금수장'에 대한 추억을 회상하는 고객부터 MZ세대들까지 모두 아우르고 싶다는 목표를 세웠다. 앰배서더 호텔 근처에는 신라호텔이 위치하고 있는데 젊고 트렌디한 고객들은 그곳을 더 선호했기 때문이다.

앰배서더 호텔은 1955년에 객실 19개로 시작한 우리나라 최초의 민영호텔인 '금수장'이 전신이다(1965년에 앰배서더 호텔로 사명을 변경했다). 신종철 셰프는 이러한 역사를 그대로 이어가면서 젊은 세대와 교감할 수 있기를 원했다. 앰배서더 호텔에 단순히 음식을 먹고 숙박만 하러 오는 곳이 아닌, 다양한 식문화를 즐기러 오는 공간으로 만들고 싶었다.

우선 객실 19개로 시작한 데 의미를 두어 '19'라는 숫자를 활용한 스토리를 음식에 담아냈다. 바로 '19가지 재료를 고를 수 있는 금수장 비빔밥'이다. 똑같은 음식이지만 음식에 스토리를 입히면 맛이 더 풍부해진다.

신종철 셰프는 젊은 세대들이 무엇을 좋아하는지 파악하기 위해 시간이 날 때마다 SNS를 들여다본다. 단순히 확인하는 정도가 아니라 직접 계정을 만들어 많은 시간을 들여고객의 흐름을 읽기 위해 노력하고 있다.

'20대 젊은 친구들은 어떤 것을 좋아할까?'

'우리 때는 너무 가볍다고 생각했는데, 요즘은 이런 것도 좋아하는구나.'

자신이 만든 음식사진을 올리거나 새롭게 방문한 곳들을 업로드하며 댓글도 달고 소통한다. 이러한 과정 속에 알게된 정보들로 새롭게 선보인 메뉴가 '아라비안 나이트의 카이막Kaymak'이다. 튀르키예 전통 음식인 카이막에서 영감을 얻은 메뉴로 한국식 빙수에 접목해 만들었다.

얼음 빙수에 우유와 생크림을 섞어 만든 카이막과 브리오슈 바게트를 곁들이고 실타래와 석청을 올렸다. 각자의 기호에 맞춰 에스프레소를 조금씩 뿌려가며 맛보는 빙수다. 전 세대를 모두 만족시킬 수 있게끔 만들어낸 이 메뉴는 망고 빙수와 더불어 여름철 많은 이들이 호텔을 찾게 만들고 있다.

"셰프님, 이제 제발 좀 그만하시죠!"

신종철 셰프는 직원들에게 원성이 자자하다. 뷔페와 빙수 개발로 한숨 돌린 듯했던 그의 파격적 행보가 도대체 끝날 기미가 보이지 않기 때문이다.

앰배서더 호텔에 와서도 기존의 호텔 뷔페를 뒤집어엎어 '뷔페의 신'이란 별명을 다시 한번 확인시켜준 그는 이번엔 '오마카세'에 꽂혔다. '일식 오마카세' 바는 이미 오픈했고, '한우 오마카세' 바도 준비를 마쳤다. 여기에 '오트퀴진 오마카세' 바를 더해 3색 오마카세 키친을 준비하고 있다. 최고급 일식 오마카세와 한우 오마카세, 그리고 프랑스 코스 요리를 연결해 고객들이 다양하게 즐길 수 있게 하는 것이 그의 목표다.

오랜 시간 식음업장의 총괄 셰프로 활약하면서 노하우를

쌓아왔지만 항상 더 나은 메뉴와 식재료를 고민하고 찾아다니는 신종철 셰프의 모습이 정말 존경스럽다.

경력이 많은 요리사일수록 새로운 것을 받아들이고 개선하는 과정을 생략한다. '다 비슷비슷해', '그거? 이렇게 하면 되는 거야' 하면서 단정짓거나 '젊은 친구들이나 좋아하는 거 아냐?'라고 생각하는 순간, 이미 경쟁력을 잃는다.

요즘 '꼰대'라는 표현을 많이 쓴다. 나는 꼰대란 나이와 상관없이 '성장하지 않는 사람'이라고 생각한다. 자신의 가진 생각의 한계를 인정하지 않고, 지금의 경험치에만 대입해 무조건 자신의 생각이 옳다고 판단하고, 이를 다른 사람에게 강요하는 순간, 진짜 꼰대가 된다.

초·중·고 시절을 거치며 몸과 마음이 자란 것처럼 나이가 들어서도 계속 새로운 문화와 생각을 받아들이고 경험을 쌓으며 성장해야 한다. 생각을 다양하게 성숙시키고 깊이를 더하는 과정을 통해 자신의 삶을 한층 더 업그레이드시켜야 한다.

05

애쓰고 노력한 시간은
반드시 돌아온다

홍상기

베이킹 아카데미 사계 오너셰프

40년의 내공과 실력을 바탕으로 베이커리 경영, 제품 컨설턴트로 활약하고 있다.

"이 제품만 있으면 여러가지 빵을 손쉽게 구울 수 있답니다. 집에서 고급 빵집에서 파는 것과 똑같은 카스텔라를 만들면 아이들이 얼마나 좋아하겠어요!"

홍상기 셰프의 어린 시절, 동네를 돌아다니며 빵틀을 팔던 방문판매원이 어머니에게 열심히 설명을 하고 있었다. 음식 솜씨가 좋아서 집에서 다양한 음식을 해주시던 어머니는 '이 빵틀 하나면 맛있는 빵을 집에서도 구울 수 있다'는 방문판매원의 언변에 넘어가 바로 구매를 한다.

이런 제품을 구매하면 대부분 한두 번 사용하다 부엌 찬장에 보관하기 마련인데, 홍상기 셰프의 어머니는 빵틀로 매일 도넛이나 케이크를 구웠다. 그중에서도 카스텔라를 가장 잘 만들었다.

처음에는 가족들이 먹을 만큼 만들다 어느 순간 넉넉하게 만들어 이웃과 나눠 먹었다. 그러다 점점 맛있다는 입소문이 나서 판매를 하기 시작했다. 그만큼 손재주가 남달랐던 어머니는 카스텔라만큼은 여느 프로 못지 않게 맛있게 구웠고, 일반 베이커리에서 판매하는 것과 비교해도 경쟁력 있는 빵을 만들어냈다.

하루 10개, 20개씩 만들던 카스텔라는 주문 수량이 많아지면서 대량 납품을 하는 등 규모가 상당해졌다. 어머니는 바쁜 와중에도 빵이 필요한 곳이 있으면 봉사도 하셨다. 그런 어머니 곁에서 일을 돕던 홍상기 셰프는 자연스레 카스텔라 만드는 법을 배웠고, 자잘한 일은 누가 시키지 않아도 스스로 했다. 카스텔라의 필수 재료인 달걀을 깨서 흰자와 노른자로 나누는 작업은 물론, 손으로 거품을 치고, 빵 위에 무늬를 그리기도 했다.

재료가 다 준비되면 어머니는 5호 사이즈 카스텔라 틀에 신문지를 깔고, 별립법(달걀을 흰자와 노른자로 분리한 뒤 각각 휘핑해 빵을 굽는 방식)으로 한 시간 정도 구워냈다. 카스텔라가 도톰하고 노르스름하게 구워지면 집은 고소하고 달콤한 향으로 가득했다.

어머니가 빵을 구울 때면 어린 홍상기의 얼굴에는 웃음이 가득했다. 바쁜 어머니를 돕다 보면 힘들기도 하고 친구들과

놀 수도 없었지만 빵을 만드는 모든 과정이 즐거웠다.

"상기야, 너는 내 덕분에 빵을 굽게 된 거다. 내가 너를 가르쳐서 훌륭한 셰프가 되지 않았니."

몇 해 전, 어머니는 돌아가시기 전에 웃으면서 말했다. 홍상기 셰프가 대한민국을 대표하는 최고의 베이커리 셰프가 된 데는 어머니와 함께 만들었던 카스텔라가 시작이었다.

결과를 생각하기 전에 일단 시작하라

충청남도 예산군에서 태어난 홍상기 셰프는 4형제 중 막내였다. 어린 시절 아버지가 서울에서 일하고 있었는데, 나중에 형들도 모두 서울로 올라가 일했다. 그래서였을까 홍상기 셰프도 자연스럽게 일을 찾았다. 중학교를 다니는 3년 내내 신문배달을 했는데, 남다른 재능으로 신문배달 업계를 평정했다.

매일 새벽 4시 반이면 자기 몸보다 더 큰 자전거를 끌고 삽교역 인근 신문배급소를 찾았다.

"신문을 좀 더 주면 안 되나요?"

"야 이 정도면 어른도 힘들어. 다 배달할 수 있겠어?"

"걱정마세요. 다 할 수 있어요."

산더미같이 쌓여 있는 신문 사이사이에 전광석화처럼 홍보지를 집어넣었다. 이 시간을 줄여야 배달할 시간을 더 확보할 수 있기 때문이다.

순식간에 홍보지를 넣고 자전거 뒤에 신문을 실은 뒤 새벽 5시부터 동네를 돌며 배달했다. 또래 친구들은 모두 자고 있을 이른 새벽에 혼자 신문을 돌리면서 그는 힘들다고 생각하지 않았다고 한다. 오히려 남들보다 일찍 하루를 시작하며 즐거운 마음이 컸다.

부지런히 일한 덕분에 중학교 3년 동안 육성회비를 직접 번 돈으로 다 냈다. 학교를 다니면서 일을 했기에 또래들보다 늘 돈이 많았는데, 사탕이나 캐러멜을 사서 친구들에게 나눠주곤 했다.

"신문배달을 하면서 새벽형 인간이 된 거죠."

고등학교에 진학할 무렵, 아버지와 형들이 지내고 있는 서울로 왔다. 영등포고등학교에 입학한 그는 서울이라는 낯선 환경에 적응하기가 쉽지 않았고, 결국 학교를 그만둔다.

그의 부모님은 고등학교는 졸업하라며 말렸지만 결국 홍상기 셰프의 선택을 믿어주었다.

"학교 그만두고 뭐 하려고?"

"일하고 싶어요, 아버지. 저는 돈을 벌고 싶어요."

그가 일하고 싶다는 뜻을 밝히자, 아버지는 동네 인근의 슈퍼마켓을 소개해주었다.

슈퍼마켓에서 등짐을 지고 사이다 박스나 짐을 배달하는 일을 시작했다. 어린 나이에 크고 무거운 짐을 나르며 가끔 힘이 부치기도 했지만 '땀 흘리며 일하는 것'에 보람을 느꼈다.

"상기야, 너는 참 애가 이상하다. 이렇게 땀이 나는데 너는 뭐가 그렇게 좋니?"

"그러게요. 저는 일하는 게 좋은 것 같아요."

힘들어도 웃음을 잃지 않고 열심히 일했다. 슈퍼마켓뿐만 아니라 인쇄소 등 여러 일을 하며 젊은 시절을 보내던 어느 날이었다.

"상기야, 빵 만드는 학원이 생겼더라. 너 빵 만드는 거 좋아하니까 한번 가보지 않을래?"

고모부가 제과제빵학원이 생겼다며 추천했다. 신림동 근처에 '서울 관인 제과학원'이라는 곳이었는데, 국비 지원으로 빵 만드는 기술을 체계적으로 배울 수 있었다.

홍상기 셰프는 처음으로 가슴이 두근거렸다. 이제까지 일하며 느꼈던 것과는 또 다른 설렘이었다. 어릴 적 어머니와 함께 만들던 빵을 제대로 배운다는 생각만으로도 너무나 행복했다. 당시는 바나나 한 송이도, 동네 제과점에서 크림빵 하나도 특별한 날이 아니면 사 먹기 힘들었다.

홍상기 셰프는 학원에 들어서는 순간 운명을 느꼈다.

'여기에 내 모든 것을 다 쏟아야겠다.'

학원을 마치고 집으로 돌아올 때면 그의 머릿속은 온통 그날 배운 것에 대한 생각뿐이었다. 다만 당시에는 오븐도 없고 재료도 비싼 데다 구하기 어려워 집에서 연습할 엄두를 내지 못했다.

그러던 어느 날, 아이디어를 하나 낸다. 학원에서 사용하고 남은 크림을 집에 가지고 와서 장독대 뚜껑에 발랐다. 장독대 뚜껑 모양이 연습용 케이크와 비슷해 보였기 때문이다. 크림을 펴 바르고 다시 걷어내고 또 바르길 반복하며 동작이 손에 익을 때까지 연습했다.

이 모습을 지켜보던 고모가 그에게 "너도 보통 별난 놈은 아니야"라고 말할 정도로 당시 그의 머릿속은 온통 빵을 만드는 생각으로 가득했다.

케이크를 만드는 일이 적성에 맞았는지 학원을 다닌 지 3개월 정도 되었을 때, 학원 원장이 그를 따로 부르더니 "너는 케이크를 만드는 기술자가 되면 좋겠다"라고 하며 한 제과점에 추천해주었다. 고등학교를 그만두고 1년도 채 되지 않았을 때였다. 빵 만드는 과정을 다 배우기도 전에 본격적으로 케이크를 만들 수 있게 되었다.

파울로 코엘료Paulo Coelho가 쓴 《연금술사》에서 연금술사는 주인공에게 위대한 진실 하나를 알려준다. 무언가를 온 마음을 다해 원하면 반드시 그렇게 된다고. 간절히 바라고 이를 실현하기 위해 힘을 기울이면 온 우주 또한 그 간절한 소망을 실현할 수 있도록 도울 거라고.

이루고 싶다는 간절함으로 가슴이 두근거려본 적이 있는가? 있다면 그 두근거림을 다스리기 위해 어떠한 일을 했는가? 목표를 이루기 위해서는 그 일에 미쳐야 한다. 일단 시작했다면 행동해야 한다. 행동하지 않는 사람은 그 어떤 것도 얻을 수 없다.

무엇보다 중요한 것은
시작하는 것이다.
— 마크 트웨인

결심했다면 그 선택을 최고의 선택으로 만들어라

홍상기 셰프가 학원 원장에게 소개받은 곳은 압구정 갤러리아 백화점 앞 '엠마'라는 베이커리였다. 이곳은 한국의 일반적인 베이커리와는 다르게 미국식으로 케이크를 만드는 곳이었다. 홍상기 셰프는 케이크 위에 아이싱icing (장식 효과와 건조 방지를 위해 케이크나 빵 표면에 크림 등을 바르는 작업)하는 작업을 맡았다. 웨딩케이크 같은 축하용 케이크에 고객이 주문한 삐에로, 자동차 등 다양한 모양을 예쁘게 표현해내야 했다.

미국에서는 특별한 날이면 버터케이크 위에 행사 주제와 관련한 그림이나 축하 문구를 그려 넣는데, 이곳에서도 주문 제작 방식으로 케이크를 만들었다. 규모 또한 엄청났다. 베이커리 인근에 빵 공장이 따로 있어서 어지간한 빵은 공장에서 굽고, 베이커리에서는 주로 판매를 하는 방식으로 운영했다.

가장 막내로 입사한 홍상기 셰프는 새벽 4시 반에 공장으로 출근해, 전날 준비해놓은 케이크 시트에 아이싱 작업을 했다. 새벽부터 오전 내내 만드는 케이크 양이 100개 이상 되었다. 잠시 점심을 해결한 뒤에는 베이커리에서 판매할 쿠키를 굽고, 다음 날 쓸 케이크 시트까지 준비하면 어느새 저녁이 되었다.

저녁에 시간이 되면 그는 남은 버터크림으로 케이크 장식을 그리는 연습을 했다. 당시 엠마에서 만드는 대부분의 케이크는 약혼식이나 결혼, 환갑잔치와 같은 행사에 사용되었기에 꽃 그리기를 중점적으로 연습했다. 달걀 흰자로 만든 머랭으로 백합이나 장미꽃을 미리 만들어 놓기도 하고, 좀 더 세밀하고 빠르게 그림을 그릴 수 있도록 꾸준히 연습했다.

연습을 하다 밤이 되면 빵 공장에서 야전 침대를 펴고 자거나 테이블을 여러 개 붙여 쪽잠을 자는 것이 일상이었다. 당시만 하더라도 주 6일 근무는 당연했고 쉬는 날도 제대로 챙기기 어려웠다.

이렇게 일하고 받은 돈은 8만 원 남짓이었다. 슈퍼마켓에서 일할 때 받았던 15만 원보다는 적은 금액이었지만 홍상기 셰프는 빵을 만들고 케이크를 완성하는 일이 너무나 즐겁고 재미있었다.

"공장장님, 케이크 위에 누가 먼저 아이싱하는지 저랑 내기하실래요?"
"네가 내 속도를 이길 수 있겠어?"

어느 정도 일에 자신감이 붙자 승부욕이 넘쳐 자신보다 베테랑인 공장장과 내기를 하기도 했다. 케이크 시트에 아이싱하는 작업은 정확하면서도 속도감이 중요하다. 수많은 케이크를 빠르게 완성해야 하니 고도의 집중력도 필요하다. 실수하면 기껏 만든 케이크를 판매하지 못할 수도 있어 상당히 부담스럽고 스트레스를 받는 작업이지만 그는 누구보다 잘 해내고 싶어 매일 시간을 들여 연습했다.

남들보다 빨리 베이커리에서 일을 시작했지만 시간이 지날수록 빵을 만드는 데 필요한 기초지식이나 기술이 부족하다는 생각이 들었다. 더 늦기 전에 진로와 미래에 대해 진지하게 고민하면서 실력을 다지고 싶었다.

엠마에서 1년 정도 일한 그는 아쉬움 가득한 사장님을 뒤로한 채 다시 빵을 배우기 위해 떠난다.

인생에는 돈으로 살 수 없는 기회가 존재한다. 바로 시간이다. 지금 이 책을 읽는 시간도 다시는 돌아오지 않는다. 다만 흘려보낸 시간은 절대 돌아오지 않아도 최선을 다해 에너지를 쏟은 시간은 인생의 가장 결정적인 순간에 반드시 돌아온다.

내가 호텔에서 처음 일을 시작했을 때다. 워커힐 호텔 뷔페 레스토랑에 막내로 들어갔는데 일은 고되지만 서울에 있는 고급 호텔에서 일한다는 생각에 늘 설레고 내 자신이 자랑스러웠던 것 같다. 뭐든 잘하고 싶은 마음에 레스토랑에

"빵을 좀 더 배우고 싶었습니다.
베이커리 업계에서 계속 일하려면
이대로는 안 될 것 같았죠."

도움이 될 만한 일을 찾고 싶었다. 그러다 보니 자연스럽게 다른 호텔의 뷔페 레스토랑은 어떤지 궁금했다. 그곳의 메뉴들을 직접 보고 먹어보면 우리 호텔의 뷔페 메뉴를 구성하거나 운영하는 데 도움이 되지 않을까, 하는 생각이었다.

아직 말단 계약직 직원이었지만 개의치 않았다. 쉬는 날이면 신라호텔, 롯데호텔, 그랜드 인터컨티넨탈 호텔 등 굵직한 호텔 뷔페부터 중급 비즈니스호텔의 뷔페를 돌아다니며 연구하듯 음식을 맛보고, 각 호텔에서의 경험을 정리해 파일을 만들었다. 뷔페 식당의 동선을 그리고, 어떤 메뉴가 어디에 위치하고 있는지, 우리 호텔과 어떤 점이 다른지를 분석하고 기록했다. 운 좋게 조리장님을 만나면 불쑥 인사를 드리며 용기 내어 조언을 구하기도 했다.

이런 과정을 통해서 선배 셰프들이 어떻게 일하는지, 왜 이렇게 지시하는지, 왜 이런 메뉴를 구성하는지를 조금씩 이해하게 되었고, 일에 대한 관점이 달라졌다.

어느 분야에서든 마찬가지일 테지만 가끔 상사나 선배들이 일하는 모습이 불합리해 보이거나 지적하는 사항에 대해 의문이 들 때가 있다. 조직이 클수록 일의 흐름이 수직적이기 때문에 이런 생각을 하는 경우가 더 많을 듯하다.

나 또한 그랬다. 워낙 청개구리 같은 성격이어서 보수적인 조직의 지시를 올곧게 들은 적이 거의 없었다. 그러나 아는 만큼 보인다고 했던가. 내가 하는 일에 시간을 투자한 만큼 일의 디테일이나 주방 상황, 레스토랑의 유기적인 흐름 등이 눈에 보이기 시작했다. 그러다 보니 어떤 일에 불만이 생길 때 나의 시선이 어디를 향하고 있는지를 한번 더 생각해보게 되었다. 우물 안에서 하늘을 바라보고 있는지, 밖에서 우물 속을 들여다보고 있는지 말이다.

좋아하는 일에는 한계가 없다

홍상기 셰프가 엠마에서 실력을 인정받으며 일하다 빵 만드는 법을 더 배워야겠다고 결심한 이유는 단순했다. 빵이 너무 좋아서다. 케이크 만드는 일은 누구보다 잘하게 되었으니, 부족한 부분을 얼른 채우고 싶었다.

지인의 소개로 이화여자대학교 앞에 위치한 '랑피 세연'에서 일하게 되었다. 이곳은 당시 대부분의 빵집들이 그렇듯 공장장과 공장장의 아내, 그리고 홍상기 셰프, 이렇게 세 명이 운영했다. 가게가 크지는 않았지만 빵에 대해 속도감 있게 배우기엔 최적의 장소였다.

새벽 4시 반에 출근해 '가마돌이'라 불리는 오븐을 보는

최선을 다해 에너지를 쏟은 시간은
인생의 가장 결정적인 순간에
반드시 돌아온다.

것부터 시작했다. 반죽해둔 빵을 오븐에서 다 굽고 나면, 고로케에 들어갈 야채를 썰어서 준비해놓고, 공장장이 반죽하는 모습을 어깨너머로 보면서 배웠다.

"상기야, 빵 반죽은 살아 있는 거야."

빵을 반죽할 때는 이스트를 넣는다. 이스트는 살아 있는 생명체 같아서 똑같은 비율로 반죽해도 반죽 상태가 매번 미세하게 다르다. 반죽을 27도에서 숙성시킬 때와 29도에서 숙성시키는 게 별 차이가 없다고 생각할 수도 있다. 하지만 완성된 빵을 비교해보면 2도의 차이가 상당하다. 이런 오차를 줄여야 실력 있는 셰프가 될 수 있다.

당시 랑피 세연의 공장장은 빵을 만들 때 맛을 위해 반드시 지키는 원칙이 있었다. 바로 '6시간 법칙'이다. 빨간 버킷통(일명 '다라이')에 반죽을 넣고 6시간이 지나면 반죽의 가스를 빼는 작업을 한다. 발효 과정에서 이산화탄소가 발생하는데 반죽을 치거나 두드려서 이산화탄소를 빼면서 산소를 공급해줘야 발효가 고르게 진행되기 때문이다.

다음 날 쓸 반죽을 준비하는 것이니 영업이 끝날즈음 만든 반죽의 가스를 빼는 시간은 밤 12시였다.

매일 늦은 밤에 반죽의 가스를 빼는 작업을 하고 잠시 눈을 붙였다가, 새벽 4시 반에 일어나 잘 숙성된 반죽으로 빵을 만들어서 구웠다. 이렇게 만든 빵은 좀 더 부드럽고 찰기가 있었다. 이 반죽으로는 주로 팥빵, 맘모스 빵, 꽈배기, 햄버거용 빵 등을 만들었다. 우유식빵과 옥수수 식빵 반죽은 별도로 만들어야 했다.

작은 가게였기에 경력이 적은 홍상기 셰프도 반죽해볼 수 있는 기회가 빨리 왔다. 공장장 옆에서 반죽하는 모습을 보며 머릿속으로 연습해온 그는 자신에게 온 기회를 놓치지 않았다. 점차 빵 반죽에 익숙해지자 공장장은 그를 믿고 반죽을 맡긴다. 이제 롤케익과 버터케이크도 가르쳐주겠다고 했다.

"공장장님, 케이크 제가 한번 만들어볼까요?"

"네가 어떻게 케이크를 만들어? 한번 해봐!"

공장장은 어린 직원이 빵 좀 만들어본 뒤에야 만들 수 있는 케이크를 만들어보겠다고 나서는 호기로움에 믿거나 말거나라는 심정으로 한번 해보라고 했다. 홍상기 셰프는 케이크 데코레이션과 아이싱 작업은 누구보다 자신 있던 터라 완벽한 솜씨로 케이크를 완성해냈다. 공장장의 눈이 휘둥그레지며 엄지를 치켜세웠다.

"물건이네, 물건. 이놈!"

하루 일과를 마치고 퇴근하면 빵집에 있는 다락방에 사다리를 타고 올라갔다. 일어서면 머리를 부딪힐 정도로 천장이 낮은 다락방에는 불도 없었다. 그곳에서 고단했던 하루를 돌아볼 새도 없이 곧장 잠들곤 했다. 다음 날 새벽, 어김없이 알람이 울리면 다시 빵집으로 내려와 새로운 하루를 준비했다.

그렇게 1년여의 시간을 보냈다. 이후 김춘복 과자점, 주수호 빵집을 거쳐 가든 호텔 앞에 위치한 '아빠 제과'로 옮긴다. 이때 처음으로 부책임자라는 직책을 맡는다. 경력도 제법 쌓고 진급도 했지만 그는 여전히 가게 다락방에서 생활했다.

홍상기 셰프는 열악한 환경에서도 빵 만드는 일을 놓을 수 없었던 건 빵을 만들 때 가장 행복했기 때문이다. 그가 생각해도 이상하리만큼 힘들기는 한데 일이 싫은 적은 단 한 번도 없었다. 8만 원으로 시작한 월급도 이제 20만 원으로 올랐다.

한국에도 널리 알려진 세계 최고의 배우 중 한 명인 톰 크루즈는 영화에서 위험한 액션 장면을 찍을 때 대역을 쓰지 않고 직접 스턴트를 하는 것으로 유명하다. 영화 〈미션 임파서블: 데드 레코닝 PART ONE〉에서는 오토바이를 타고 질주하다 90도에 가까운 절벽 아래로 직접 뛰어내리는 장면이 영화가 개봉하기도 전에 엄청난 화제가 되기도 했다. 그는 고작 몇 초에 불과한 이 장면을 위해 스카이 다이빙 500여 회, 모터 크로스 점프를 1만 회나 연습하고, 영국의 한 채석장에 세트를 지어 놓고 셀 수 없이 뛰어내리며 카메라 동선을 체크했다고 한다.

톰 크루즈가 이렇게 연습에 공을 들이고 매 영화에 진심을 다하는 이유는 하나다. 관객들이 자신의 영화를 보며 좀 더 몰입하기를 바라기 때문이다.

60이 넘은 나이에 오직 영화의 완성도를 위해 자신을 던지는 모습은 경외심마저 든다. 그의 도전과 열정에 한계는 없어 보인다.

자신이 하고자 하는 일에 진심을 다하는 사람에게 한계는 없다. 고된 과정마저 즐기게 되니까. 내가 살면서 만난, 과시할 만한 성공이 아니더라도 인생에 있어 무언가를 이뤄낸 이들은 모두 자신이 하고자 하는 일에 전력을 다한 이들이었다. 홍상기 셰프 또한 새로운 빵, 맛있는 빵을 만드는 법을 배울 수 있다면 어떤 일도 마다하지 않았다.

성공은 자신의 한계를
넘어서는 과정에서 찾아진다.
— 마이클 조던

빵에 미치다

스물한 살이 되었을 때, 홍상기 셰프는 군에 입대한다. 군대에서도 빵 만드는 일을 좋아하는 것이 소문이 나서 고참들이 여러 가지 빵을 만들어보라고 시키곤 했다. 재료도, 도구도 부족해 제대로 빵을 만들 수 있는 환경은 아니었지만 눈대중으로 밀가루와 버터를 섞어 반죽하면서 어떤 빵을 만들지 궁리했다. 오븐이 없었기에 반죽을 기름에 넣고 살짝 튀겨서 도넛이나 약과처럼 만들었다.

군대에서는 맛있는 빵을 접하기 어려웠으니 홍상기 셰프가 만든 빵은 늘 인기가 많았다. 부대 체육대회나 행사가 있을 때면 전담해서 빵을 만들곤 했다.

그렇게 군 생활을 하면서도 가끔 휴가를 나오면 빵 만드는 법을 잊지 않기 위해 입대 전에 일하던 빵집에서 아르바이트를 했다.

제대를 하고서 이틀 정도를 푹 쉰 날이었다.

'다시 가자, 빵집으로!'

전역 후 얼마 동안은 쉴 법도 했지만 그는 참지 못하고 다시 빵집으로 향했다.

새로 일하게 된 곳은 등촌동에 위치한 '리스본'이라는 베이커리였다. 이곳에서는 처음으로 책임자를 맡았다. 사실 말이 책임자였지 홍상기 셰프 혼자 일하는 구조로 빵과 관련된 모든 업무를 해내야 했다.

이곳에서도 여느 곳과 다르지 않게 계단 밑의(삼각형 공간) 다락방에서 지냈다. 일과 시간에는 이 공간을 행정업무를 보는 공간으로 사용하고, 밤이 되면 홍상기 셰프가 잠을 청하는 공간으로 사용했다.

저녁에 가게 문을 닫아도 홍상기 셰프는 일을 놓지 못했다. 매대에 놓여 있던 진열표를 걷어 빵 위치를 다르게 배치해보며 어떻게 하면 손님들이 빵을 많이 구입하게 할 수 있을지 동선을 고민했다. 소보로를 앞쪽에 놓아보기도 하고, 덩치 큰 빵은 뒤쪽으로 옮기는 등 누구도 시키지 않은 일을 했다. 다음 날 손님이 자신이 생각한 동선으로 빵을 하나라도 더 사가면 쾌감을 느꼈다.

이런 노력이 다른 이들의 눈에도 보였던 걸까, 홍상기 셰프는 얼마 지나지 않아 대치동에 위치한 '엠마'(기존에 일했던 엠마와는 다른 베이커리)의 부책임자로 발탁된다. 이곳은 직원 10명이 일하는, 좀 더 규모가 큰 곳이었다. 공장장을 제외하고 아홉 명의 직원을 모두 통솔해야 하니 그의 어깨가 무거웠다.

지금까지 혼자서 가게를 운영하고 빵을 만들었기에 다른

직원들이 일하는 모습이 한눈에 다 보였다. 두 명의 직원이 오븐 작업을 하고, 두 명은 반죽을 만들고, 한 명은 케이크 무스를 올리고, 나머지 직원들은 포장과 서빙을 맡아서 했다.

홍상기 셰프는 그곳에서 한 달에 두 번 쉬었다. 처음에는 쉬는 날 설레는 마음이 가득했지만 빵 만드는 일 외에는 특별한 취미가 없던 그는 딱히 할 일이 없으면 베이커리에 나와 미련하게 일을 했다. 진짜 바보였다. 빵에 미친 바보.

빵을 만들 때 반죽을 한 뒤 일정 시간 동안 숙성을 시킨다. 앞에서 설명했듯 반죽이 발효되면서 생긴 가스를 빼고 숙성하는 과정을 거친다. 이를 건너뛰고 바로 빵을 구울 수는 없다.

어떤 일을 해낼 때도 마찬가지다. 일에 익숙해지고 그 일을 온전한 내 것으로 만들기 위해서는 집중하고 몰두하며 차근차근 경험을 쌓고, 때론 불필요한 것들을 걸러내기도 하면서 단단하게 다지는 시간이 필요하다. 나는 이 과정을 '시간의 밀도를 높이는 일'이라고 표현한다.

시간의 밀도를 높이려면 절대적으로 필요한 게 있다. 바로 주인의식이다. 지금 하는 일을 자신의 경쟁력으로 만들려면 그 일에 얼마나 주인의식이 있느냐와 연결된다. 누군가는 주인의식이라는 말을 열정페이, 희생으로 받아들이기도 하지만 나는 적극적으로 책임감을 갖고 내 일을 대하는 태도라고 생각한다. 많은 리더들이 직원들에게 "제발 주인 의식 좀 가지고 일해"라고 말하지 않던가. 물론 "돈이나 제대로 주던지" 혹은 "내가 왜 이 시간에 이런 고생까지 해야 해?"라고 반문할 수도 있다. 하지만 실력은 주도적이고 능동 적인 태도로 일해야 쌓인다. 그러지 않으면 발효를 방해하는 이산화탄소처럼 하지 않아야 할 이유만 찾게 된다.

당신이 축구 선수라고 가정해보자. 처음에는 후보로 엔트리에 이름을 올리고 경기장에서 선발 선수들이 뛰는 모습을 지켜본다. 그러다 어느 날, 경기 상황에 맞춰 투입된다. 이때 그간 갈고닦아 두었던 실력을 보여주어야 정식 엔트리로 올라설 기회가 열린다. 내 시간을 오롯이 투자해 실력을 쌓아 두어야 기회가 왔을 때 최상의 기량을 선보일 수 있다.

내가 그 일의 주인이 되고 싶다면 적극적으로 시간을 들여 일의 밀도를 높여야 한다. 비록 지금은 후보 선수에 불과하지만 언제나 자신도 선발 선수들과 함께 뛰고 있다는 마음으로 항상 긴장하며 집중해서 경기의 흐름을 파악하고 있어야 하는 것이다. 당장은 결과가 눈에 보이지 않더라도 반죽을 숙성시키듯 일에 온전히 쏟은 시간은 든든한 자신이 된다.

죽음의 문턱에서도 포기할 수 없었던 것

홍상기 셰프가 스물네 살 되던 해였다. 일을 마치고 친구들과 상가집에 가는 길이었다. 서울에서 경상북도 상주까지 시간 내에 가야 했기에 '총알 택시'를 탔다. 고단한 하루를 끝내고 늦은 저녁에 나선 길이라 졸음이 몰려와 모두가 깜박 잠든 순간, '번쩍' 하며 큰 사고가 나고 말았다. 홍상기 셰프는 지금도 사고 순간을 기억하지 못한다.

야심한 밤, 한적한 도로를 과속하며 달리던 택시가 가드레일을 들이받았다. 차에 타고 있던 친구 두 명은 차에서 튕겨 나갔고, 홍상기 셰프는 차 안에서 사고 충격을 고스란히 받았다. 얼마나 시간이 흘렀을까, 사람들이 소리를 지르며 깨우는 소리가 들렸을 무렵, 몸을 일으키려고 하니 오른팔이 움직이지 않았다. 어떻게든 왼팔로 오른팔을 들어서 차를 겨우 빠져나온 뒤 병원으로 이송되었다.

"이제 일을 못할 수도 있습니다."

병원에서 수술을 받고 며칠 뒤, 의사의 말에 그는 심한 충격을 받았다(사고로 오른쪽 어깨뼈가 부러져서 철심으로 고정하는 수술을 했고, 장애 3급 진단을 받았다). 더 이상 빵을 만들 수 없다는 것은 그에게 청천벽력 같은 일이었다. 너무 서러워 몇 날 며칠을 울었다. 억울했다. 겨우 스물네 살이었다. 덤덤하게 당시 이야기를 풀어놓던 그의 눈시울이 붉어졌다.

여러 번의 수술과 물리치료, 재활을 하면서 1년여의 시간을 병원에서 보냈다. 퇴원 후, 어떻게든 살아야 했기에 카페에서 파트타임으로 서빙 일을 시작했다. 서빙이라도 하면서 어떻게 살아야 할지 생각해볼 요량이었다.

하지만 그리 무겁지 않은 트레이를 들고 가는데도 커피잔이 덜덜 떨렸다. 오른쪽 어깨 신경이 죽어 있으니 당연히 힘이 들어가지 않았고 간단한 일조차 제대로 할 수 없었다.

'어릴 때부터 빵을 좋아했고 실력도 인정받았으니 지금 내가 유일하게 할 수 있는 것도 빵 만드는 일이야. 어떻게 해서라도 계속 빵을 만들자.'

벼랑 끝에 선 듯했지만 도저히 빵 만드는 일을 포기할 수 없었다. 다시 마음을 다잡았다. 하지만 넘치는 의욕과 달리 몸이 따라주지 않았다. 다행히 팔을 벌려서 힘을 주는 것은 어려웠지만 팔을 몸에 붙여서 앞으로 드는 동작은 할 수 있었다. 미약하게나마 조금씩 힘을 주며 오른팔을 사용하는 연습을 했다.

서초동에 위치한 한 빵집에 취직했다. 이전 경력을 살려

"빵은 저의 전부였는데.
그때 제가 선택할 수 있는 길은
아무것도 없었습니다."

책임자로 일하게 되어 직원들을 다독이며 왼팔 위주로 사용했다. 팔이 아파서 빵을 만들지 못한다는 말은 듣기 싫었다. 그래서 오른팔을 잘 사용하지 못한다는 사실을 숨겼다. 아니 숨겨야만 했다.

오랜 시간 애쓴 끝에 그의 재활 의지와 노력에 빛이 보이기 시작했다. 아주 조금씩 오른쪽 팔이 움직이기 시작한 것이다. 정말 다행이었다. 이후 몇 년 동안이나 고생을 하긴 했지만 그는 다시 빵을 만들 수 있게 되었다.

그렇게 일에 적응할 즈음, 베이커리와 가까운 거리에 있던 삼풍백화점이 붕괴되는 큰 사건이 발생한다. 동네는 아수라장이 되었고 베이커리도 운영이 힘들어져 본의 아니게 일을 그만두었다. 이후 다른 베이커리에서 일하며 새로운 꿈을 꾼다. 빵을 더 배우고 싶었다.

'한국에서 만들 수 있는 빵은 다 만들어본 것 같은데, 일본으로 유학을 갈까?'

당시 일본에는 유럽에서 경험을 쌓은 셰프들이 운영하는 베이킹 학교가 있었다. 이를 알게 된 홍상기 셰프도 좀 더 넓은 세상에서 공부해보고 싶었다. 유학 비용은 얼마나 필요한지, 어디에서 도움을 얻을 수 있는지 알아보던 차에 그는 새로운 결심을 한다.

'내 가게를 운영해보자!'

유학을 가서 빵을 더 배우는 것도 좋지만 그동안 쌓아온 실력을 살려 내 가게를 운영하면 더 많은 경험을 할 수 있을 것 같았다.

얼마 후, 홍상기 셰프는 역삼동에 '프로방스'라는 베이커리를 오픈한다. 자신의 첫 베이커리를 운영하는 일이었지만 그간 산전수전 다 겪어본 그였기에 새벽에 조금 더 잠을 잘 수 있는 것 말고는 크게 달라진 건 없었다.

새벽 6시에 일어나 밤 12시까지 일하는 삶이 계속되었다. 다만 자신의 가게를 꾸리자 이전과는 다른 동력이 생겼다. 일을 하면 할수록 더 맛있는 빵을 구워야겠다, 더 좋은 반죽을 만들어야겠다는 열정이 불타올랐고, 자신만의 공간에서 4년여의 시간을 보낸다.

누구나 좋은 길만 걷고 싶지만 살다 보면 막다른 길을 마주하게 될 때가 있다. 홍상기 셰프도 큰 사고를 당했을 때, 도저히 빠져나갈 수 없는 벽 앞에 선 듯했다. 하지만 신은 한쪽 문을 닫으면 반드시 다른 문을 열어둔다고 하지 않던가. 모든 걸 포기하고 싶은 순간에도 잘 들여다보면 또 다른 기회가 보인다.

홍상기 셰프는 빵에 대한 열망과 굳은 의지로 절망적인

상황에서도 빵 만드는 일을 놓지 않았고, 그 길에서 답을 찾았다. 아직 일어나지 않은 일을 섣불리 판단하고 절망하고 두려워하지 않고, 한 발 한 발 걸어가다 보면 분명 저 멀리 나를 기다리고 있는 기회를 발견할 수 있다.

나 역시 내게 완만한 길이라 믿고 택했던 미국행이었지만 막상 부딪혀 보니 한국에서보다 더 가파른 길이 펼쳐져 있었다. 내가 계획하고 꿈꾸던 것들에 가까이 다가가는 것 같다가도 막상 자세히 보면 길은 여러 갈래로 흩어져 다시 시험에 들게 하곤 했다. 하지만 지난한 과정을 포기하지 않고 버티고 보니 지나온 길은 모두 하나로 연결되어 있었다. 모든 것은 과정일 뿐 결코 끝이 아니었다.

내가 서 있는 곳이 막다른 길처럼 보여도 절망하거나 포기하지 않길 바란다. 홍상기 셰프처럼 자신을 믿고 묵묵히 걸어가다 보면 또 다른 기회가 찾아오고, 다시금 빛나는 길을 걷고 있는 자신을 발견하게 될 것이다.

어떤 어려움에 직면하든지, 끝까지 버텨라.
그것이 성공으로 가는 길이다.
— 아인슈타인

우리가 지나온 길은 ─────
모두 하나로 연결되어 있다.
모든 것은 과정일 뿐
결코 끝이 아니다.

배움에 대한 갈망을 가르침으로

홍상기 셰프의 명성이 알려지기 시작하자 여러 베이킹 세미나에서 그를 초대했다. 이제까지 프로페셔널 관계자들이나 상업적인 비즈니스 위주였던 업무와 달리 베이킹 세미나는 일반인들과 함께하는 수업이 주를 이루었다. 2~3년 정도 집중적으로 세미나를 진행하면서 각계각층의 다양한 사람들과 교류했다.

이 시기에 홍상기 셰프는 일기를 쓰듯 블로그에 하루 한 편씩 빵에 관한 글을 연재했다. 빵을 만드는 과정을 휴대전화로 찍고, 사진과 함께 글을 올리면서 파워블로거와 홈베이킹을 하는 사람들과 친해진다. 이들은 모두 빵에 대해 좀 더 제대로 배우길 원했는데, 그런 갈증을 해결할 수 있는 곳이 당시에는 일반 제과제빵학원밖에 없었다. 그래서 홍상기 셰프는 별도의 공간을 만들어 지금까지 익힌 자신의 기술을 알려주면 어떨까, 하는 생각이 들었다. 확신이 서자 곧장 홈베이킹 공방을 준비한다.

잠실새내역 근처 8평 남짓한 반지하 사무실을 얻고 직접 페인트 칠을 하며 공사를 했다. 그의 아내는 나무판에 그의 별명인 '홍당무'를 그려서 가게 앞에 걸어주며 응원했고, 제빵 오븐과 테이블 등을 구입해 본격적인 베이킹 스쿨을 준비했다. 홍당무 공방은 오픈하자마자 큰 인기를 얻는다. 수업 예약이 계속 밀려들 정도로 입소문이 났다. 유명 베이커리에서 경력을 쌓아온 셰프에게 직접 베이킹 수업을 들을 수 있는 기회가 드물었기 때문이다.

예상했던 것보다 더 큰 호응에 홍상기 셰프는 새로운 목표를 세웠다.

'이곳에서 2년만 열심히 하고, 2년 뒤에는 새로운 공간으로 옮겨보자!'

정말 목표를 세운 지 2년이 되던 해, 그는 세 배나 더 큰 공간으로 공방을 옮긴다. 이번에는 햇볕이 잘 드는 지상이었다. 석촌호수가 보이는 곳에 새로운 공간을 얻은 그는 쉬는 시간이면 창밖으로 지나가는 사람들을 바라보며 너무나 행복해 했다. 세상 모든 것을 다 이룬 것처럼 그 시간이 너무나도 소중했다.

틈틈이 베이커리 관련 컨설팅도 했는데 어느 날, 감자를 활용한 제품을 개발해달라는 컨설팅 의뢰가 들어왔다. 강원도에서 감자 농사를 짓던 분이 '감자밭'이라는 카페를 운영하고 있는데, 그곳에서 팔 특별한 빵을 만들어달라는 부탁을 해온 것이다.

미팅을 마치고 돌아오던 차에서 문득 '고구마빵도 있는데 감자빵을 만들면 어떨까?'란 생각이 떠올랐다. 작업실로 돌아온 그는 감자와 똑 닮은 감자빵 만들기에 주력한다. 홍감자, 청강, 흰감자 등 여러 품종의 감자를 적절하게 배합해 감자를 쪄냈다. 쪄낸 감자빵을 다시 200도 오븐에서 구워 수분을 날리자, 감자의 맛과 풍미가 살아났다.

울퉁불퉁하게 생긴, 영락없이 밭에서 갓 캐낸 듯 보이는 감자빵을 시장에 내놓고 몇 개월이 흐른 후, 감당할 수 없을 정도로 큰 인기를 얻는다(우리가 아는 그 감자빵 맞다). 그에게 감자빵을 의뢰한 곳은 매출 100억을 넘어서며 수많은 직원들을 고용하고 크게 성장했다.

이 과정에서 홍상기 셰프는 이전에 느껴보지 못했던 또 다른 희열을 느꼈다. 본인이 개발한 제품이 많은 기회와 수익을 창출하고 직원이 50명, 100명이 되는 과정을 지켜보며 굉장한 보람을 얻었다.

"왜 셰프님이 그 사업을 하지 않으셨어요. 그거 하셨으면 엄청난 부자가 되셨을 텐데요?"

감자빵이 큰 성공을 거두자 많은 사람들이 이렇게 말하곤 한다. 이에 대해 홍상기 셰프는 "무엇이든 그 사람에게 맞는 게 있잖아요"라고 답한다.

"그분들이 지금까지 눈에 보이지 않는 엄청난 노력을 했기에 그 정도의 회사를 이뤄낸 것입니다. 단지 빵 하나로 성공을 했다고 하기에는 과장이 있는 거죠."

좋아하는 일을 끝까지 하려면

과거 홍상기 셰프는 돈 욕심이 많았다고 한다. 남들보다 일찍 사회생활을 시작해 어떻게 하면 돈을 벌 수 있을지 매일 고민했다. 힘들게 일한 만큼 돈을 더 많이 벌어야겠다는 욕심도 있었다. 하지만 아내를 만나 가정을 꾸리면서, 급작스러운 사고로 죽음의 문턱을 오가며 인생의 큰 위기를 넘기다 보니 '돈은 별것 아니다'라는 생각이 들었다. 돈도 중요하지만 돈 이전에 또 다른 중요한 무언가가 있다는 것을 깨달았다.

홍상기 셰프는 부자가 되어 잘 사는 것보다 많은 사람들을 돕고 그의 재능을 나누는 일에 집중하기로 마음먹었다. 인생의 목표를 이렇게 정하니 그가 하는 모든 일이 더 행복했다. 새로운 프로젝트를 생각하는 것만으로도 설레고 삶이 충만해지는 듯했다.

이제 더 이상 '이거 해볼 걸' 혹은 '나중에 자리 잡히면 하지 뭐' 하며 미루지 않는다. 조금이라도 할 수 있는 때에 시작해야 자연스럽게 늘어나는 것이지, '나중에 돈을 번 후에, 좋은 차를 사고 집을 사고 난 뒤에 다 할 거야'라고 미루면 다음은 없다.

홍상기 셰프는 필리핀에 갔다가 한 빈민가를 지나게 되었다. 그곳 사람들이 사는 모습을 둘러보고 그들과 이야기를 나누다 보니 자신이 가진 기술을 그곳 사람들에게 가르쳐줘야겠다는 결심을 하게 된다. 어릴 적 어머니와 함께 빵을 만들며 행복을 느끼고 결국 빵 만드는 사람이 되었는데 내가 가장 잘할 수 있는 일로 누군가가 행복해진다면 얼마나 좋을까, 라는 생각이었다.

한국으로 돌아와 제빵 오븐과 장비 등을 마련해 큰 컨테이너에 실어 배로 보내고는 필리핀으로 다시 건너가 기술 이전을 해주었다.

다만 빈민가의 환경은 생각했던 것보다 훨씬 더 열악했다. 가만히 있어도 더운 데다 선풍기는 커녕 에어컨도 없었다. 날씨가 무더운 탓에 발효실을 따로 만들 필요가 없었다. 평균 기온이 30도가 넘고 습도가 90퍼센트나 되다 보니, 그냥 두어도 저절로 발효가 되었다. 비가 오는 날이면 습도가 100퍼센트에 육박해 빵이 밖에서도 마르지 않아 난감하기

"인생의 크고 작은 위기를 겪으면서
지금 할 수 있는 건 미루지 않고
지금 해야 한다는 걸 깨달았습니다.
나의 재능으로 다른 이를 기쁘게 하는 것만큼
행복한 일은 없습니다."

도 했다.

오븐을 켜면 더위는 가중되었다. 땀이 쉴 새 없이 흘러 빵을 만들기 어려운 환경이었지만 홍상기 셰프에게 빵을 배우러 온 분들은 짜증 한 번 내지 않고 초롱초롱한 눈빛으로 그의 설명 하나하나에 주목했다. 그리고 맛있는 빵이 구워져 나오면 밝은 미소로 화답했다.

열정적으로 레시피를 익히는 그들의 모습에 극한의 상황에서도 홍상기 셰프는 더 힘을 내서 그가 알고 있는 모든 기술을 차근차근 잘 전수해줄 수 있었다. 이렇게 치열했던 봉사 경험은 여전히 좋은 기억으로 남아 있다.

홍상기 셰프는 지금도 매주 목요일에 달콤한 팥빵을 굽는다. 맛있게 구운 빵들을 지역의 복지 공간에 기부하며 자신이 가지고 있는 것을 나누고 있다.

좋아하는 마음으로 열정적으로 일을 시작해도 그 일을 지속적으로 해나가려면 '좋아하는 마음' 외에도 많은 것들이 필요하다. 때론 돈을 모으는 성취감으로 더 나은 미래를 추구할 수도 있다. 하지만 열정이 인생 내내 지속되지 않는 것처럼 돈이 유일한 인생의 목적이 되기는 어렵다.

인생은 마라톤이다. 결승선은 언제나 멀기만 하고, 간절히 이루고 싶어도 얻지 못하는 것이 훨씬 많다. 좋아하는 일을 계속하려면 주변 사람들과 항상 교류하고, 내 일에 자부심을 느끼며, 행복을 미루지 않고 지금 느낄 수 있어야 한다. 그러는 과정에서 지속적인 열매가 생기며 좋아하는 일을 끝까지 할 수 있는 동력이 생긴다.

06

위대함에 이르는
지름길은 없다

이기숙

대한민국식품명인 제43호
조선 3대 명주인 감홍로를 전통 방식으로 40여 년이
넘게 빚고 있다.

．
．

　토끼 선생, 용궁에 가면 '감홍로'도 있다네. 가지 않겠나?

　〈별주부전〉의 내용이다. 용궁에 가는 게 선뜻 내키지 않아 하는 토끼를 별주부가 유혹하는 장면이다. '감홍로'가 당시 얼마나 유명했는지를 잘 알려주는 대목이기도 하다.

　감홍로는 이강고, 죽력고와 함께 조선 3대 명주로 꼽히는 술이다. 이에 관한 이야기는 조선시대 다양한 고전에서 찾아볼 수 있는데, 〈춘향전〉에도 등장한다. 이몽룡이 한양으로 가는 것을 필사적으로 잡으려는 대목에서 이별주로 등장했다. 가장 좋은 술을 마시며 이몽룡이 최대한 늦게 가게 하려는 춘향이의 마음을 엿볼 수 있다. 조선 최고의 기생인 황진이는 서화담을 빛이 붉고 맛이 강한 감홍로에 빗대어 이야기하기도 했다.

감홍로 甘紅露

고려시대 때부터 전해졌다는 감홍로의 감甘은 단맛을, 홍紅은 붉은 색을, 로露는 이슬을 뜻한다. 이때 '로'는 임금님께 진상한 술에만 사용할 수 있는 글자다.

1800년도 초에 저술된《오주연문장전산고》에는 조선의 네 가지 명주로 한산 소곡주, 홍천 백주, 여산의 호산춘, 그리고 평양의 감홍로를 꼽았다. 그보다 앞서 18세기 실학자 유득공의 시〈애련정〉에는 "곳곳마다 감홍로니, 이 마을이 곧 취한 마을일세滿滿甘紅露 玆鄕是醉鄕"라고 했고, 〈고사십이집〉, 〈임원십육지〉, 〈동국세시기〉 등 다양한 고문헌에도 소개되어 있다.

이렇듯 긴 역사를 가지고 있는 감홍로를 지금도 맛볼 수 있다. 대한민국식품명인 제43호인 이기숙 명인은 이 술을 40여 년이 넘게 빚고 있다.

아버지의 마음을 담은 술

이기숙 명인의 아버지인 이경찬 옹(우리나라 최초 전통주 국가 중요 무형문화재 86호)은 아버지 이병일 옹께 드리는 술을 빚을 때 굉장히 행복해하셨다고 한다.

"역시 네가 만든 술이 최고야. 정말 맛있어."

어릴 적 할아버지가 아버지를 칭찬하는 모습이 너무나 인상 깊었다.

《오주연문장전산고》를 쓴 이규경은 '중국에 오향로주가 있다면 평양에는 감홍로가 있다'고 말하기도 했다. 이기숙 명인의 할아버지는 평양에서 '평천양조장'을 설립해 아내와 함께 운영했다.

메조(찰기가 없는 조), 수수로 담은 이북 지역의 소주는 40도가 훌쩍 넘는다. 날씨가 매섭게 추운 평양에서는 이런 독주를 마시는 게 일반적이었다. 깨끗하고 맑은 술에서 느껴지는 은은한 향 때문인지 할아버지가 시작한 술 사업은 평양에서 꽤 인기가 많았다. 이병일 옹은 감홍로와 문배주, 두 가지 술을 빚었는데, 6·25전쟁이 터지면서 온 가족이 남한으로 내려온다. 감홍로의 맛이 남한으로 전해지게 된 순간이다.

이경찬 옹은 아버지를 이어 남한에서 술을 빚고 싶었지만 1954년, 청천벽력 같은 소식을 듣는다.

"쌀로 술을 빚으면 안 됩니다."

전쟁 직후였으니 먹을 쌀이 부족해 쌀로 술을 만드는 것을 규제한 것이다. 이때 실시한 '양곡관리법'은 굉장히 다양했던 국내 가양주의 역사를 한순간에 끊어놓았다.

이경찬 옹은 평양의 전통주를 복원해 다시 한번 제대로 만들어보고 싶었는데, 쌀 없이는 불가능했다. 혹시나 해서 수입한 밀가루로 술을 빚어 여러 번 증류를 해보았지만 결과는 마찬가지였다. 아버지(이기숙 명인에겐 할아버지)께 칭찬받던 그때의 술맛은 나지 않았다. 그는 결국 술 사업을 접는다.

"조금 더 명확한 자료가 필요합니다. 아쉽지만 명인 지정은 불가능합니다."
"아버지께 감홍로에 관한 모든 것을 배웠습니다. 한 번만 더 검토해주시면 안 될까요?"

2001년 가을, 이기숙 명인은 오랜 시간 준비한 명인 신청에서 탈락하고 말았다. '이대로 감홍로는 사라지고 마는 것일까?'라는 생각에 며칠 동안 잠을 이룰 수 없었다. 법과 제도는 유독 감홍로에 냉혹했다. '북한에서 온 술을 왜 공인해야 하는가', '이 맛이 전통의 맛인지 어떻게 판단할 수 있는가'에 대한 부분이었다. 특히 '아버지에게 배웠다'라는 부분에 있어서 어떻게 배웠는지를 문서로 증명하는 게 가장 어려웠다. 어려서부터 아버지와 함께 술을 빚으며 배웠지만 기록이 거의 남아 있지 않기 때문이다.

하지만 이대로 명인 선정을 포기할 수는 없었다. 2005년, 경영학 박사인 남편과 함께 1억 원을 출자해 ㈜감홍로라는 법인을 설립한다. 그리고 2006년부터 주류 면허를 얻어 감홍로를 만들기 시작했다. 왜 감홍로의 명맥을 이어가야 하는지, 감홍로의 가치를 대중에게 먼저 알려야겠다는 생각에서였다. 착실하게 준비한 2010년, 이기숙 명인은 다시 한번 대한민국식품명인 신청 서류를 정부에 제출한다.

다시 지리한 싸움이 시작되었다. 과거보다 요청하는 서류는 더 많았다. 경기도 과천과 파주를 수없이 오갔다. 매년 1억 원이 넘는 적자가 났지만 아버지가 유일하게 남겨주신 감홍로를 어떻게든 지키고 싶었다.

이러한 이기숙 명인의 노력과 간절함이 인정된 걸까. 2012년 10월, 농림축산식품부는 조상 대대로 술 빚는 방법을 전수받아 개인이 원형에 근거한 방법을 보존하고 있는 이기숙 명인을 대한민국식품명인 제43호로 등재했다. 12년간의 눈물겨운 노력이 비로소 결실을 맺는 순간이었다.

우리는 바라던 일이, 꿈이 어떻게든 이루어질 것이라고 막연하게 기대를 할 때가 있다. '이번 프로젝트는 잘될 거야', '내일은 더 좋은 성과가 있겠지'라는 긍정적인 마음가짐은 성공을 위해 꼭 필요하다. 하지만 이 마음가짐만으로는 성공할 수 없다. 목표를 세웠다면 이를 실현해낼 철저한 계획과 방법을 마련해야 한다. 시간이 지날수록 얼마나 치열하게 고민하고 체계적으로 실천하느냐에 따라서 처음 생각했던 일의 가치가 달라진다.

술은 세월의 힘으로 완성된다

이기숙 명인은 어릴 적 집에서 아버지가 술을 빚던 모습을 생생하게 기억한다. 아버지는 술이 익어가는 독 옆에서 밤새도록 쪽잠을 자곤 했다.

술을 빚을 때 가장 먼저 하는 일은 누룩 만들기다. 쌀, 수수, 메조를 갈아서 물로 반죽한 뒤 모양을 만들어 발효를 시킨다. 적당한 온도에서 누룩을 발효하는 기간만 대략 7~8주 걸린다.

누룩이 준비되면 술독에 쌀과 메조로 지은 고두밥과 누

막연한 기대만으로는 성공할 수 없다. ——————
목표를 세웠다면 이를 실현해낼
철저한 계획과 방법을 마련해야 한다.

룩, 물을 함께 버무려 보름간 발효시킨다.

발효하는 기간 동안 술독 주위 환경을 잘 관리하고 온도를 조절해야 한다. 실내 온도가 높아지면 술독의 내부 온도가 급격하게 올라가서 발효가 어긋난다. 마찬가지로 실내 온도가 낮아도 제대로 발효가 이루어지지 않아 술을 빚을 수 없다. 그의 아버지는 발효 기간 동안 술독 옆에서 '톡톡' 발효가 되는 소리를 들으며 세심하게 술독을 관리했던 것이다. 조금이라도 온도가 변하면 담요를 가지고 나와 술독을 감쌌다.

이렇게 발효된 원주를 증류해 일정기간 동안 숙성하고, 한 번 더 증류한(보통 술은 한 번 증류를 해 완성한다) 뒤, 약재를 침출시키면 비로소 감홍로가 완성된다.

"이건 안 되겠다. 버려!"

아버지 이경환 옹은 완성된 술이 조금이라도 마음에 들지 않으면 버려버렸다.

"아버지, 이렇게 고생해서 만들었는데 그냥 마시면 안 될까요?"

"술은 고칠 수 없어. 끝이야. 버려!"

그가 느끼기에 아주 미세한 맛의 차이였음에도 이경찬 옹은 술에 있어서는 냉정할 정도로 단호했다. 정해진 레시피대로 시간을 지키면 그 맛이 나지 않을까, 라는 그의 생각과 달리 술에 마음이라도 담긴 것처럼 행동하는 아버지가 도무지 이해되지 않았다. 고생해서 만든 술이 너무 아까워서 몇 번이고 부탁해도 아버지는 전혀 흔들리지 않았다.

"술은 세월의 힘을 담는 거란다."

요즘은 술독에 미세한 칩을 넣어 온도를 조절하고, 파장을 분석해 맛을 잡아내기도 한다. 하지만 이기숙 명인은 아버지가 가르쳐주신 전통 방식 그대로 세월과 시간의 힘을 믿으며 술을 빚는다. 재료 하나하나 정성을 들여 빚은 한 방울 한 방울이 모여 한 병의 술이 완성되는 순간, 최고의 맑고 순수한 결정체가 담긴다고 믿는다. 술을 빚는 과정이 번거롭고 고되어도 명인이 만드는 술은 살아 있다고 생각하기 때문이다.

이기숙 명인은 지금 만드는 술이 완벽하다고 생각하지 않는다. 늘 더 완벽한 술을 만드는 과정에 있다고 말한다.

일을 하다 보면 마지막 0.01퍼센트의 노력을 놓친 탓에, 지금까지 한 일이 모두 물거품이 되기도 한다.

2022년 항저우 아시안게임 롤러스케이트 결승 경기에서 벌어진 일이다. 3000미터 계주에 나선 한국 남자 대표팀은 선두를 달리고 있었다. 마지막 한국 선수가 승리를 예감하고 결승선을 통과하기 직전 두 팔을 들어 올리며 세리머니를 한 순간, 끝까지 추격해 마지막까지 포기하지 않고 왼발을 쭉 뻗은 대만 선수에게 역전을 당했다.

불과 0.01초 차이였다. 결과는 돌이킬 수 없다. 경기를 마친 뒤 대만 선수는 이렇게 말했다.

"한국 선수들이 승리를 확신하며 축하하는 것을 보았습니다. 저는 그들에게 말해주고 싶었습니다. 한국 선수들이 축하하는 동안 나는 여전히 싸우고 있었다는 사실을 말입니다."

끝까지 포기하지 않은 집념의 승리였다. 비록 한국 대표팀이 금메달을 따지 못했지만 모든 일에 있어서 어떠한 마음으로 해야 하는지를 깨닫게 해준 순간이었다. 어중간한 마음으로 일을 하고 결과를 기대하면 그 결과도 확신할 수 없다. 지금까지 치열하게 연마해온 일에 대한 결실을 얻기 위해 언제나 끝까지 최선을 다하는 태도가 중요한 이유다.

성공을 붙잡지 못하는 사람이 가지지 못한 것은
재능이 아니라 인내력이다.
— 고다미 미쓰오

"'네가 만든 술이 제일 맛있어'라고 하셨던
아버지의 그 마음을 담으려고 해요."

한 발씩 최선을 다하면 점점 더 강해진다

오랜 노력 끝에 공식적으로 명인이 되었지만 이기숙 명인이 술을 만드는 모습을 보고 배우기 시작한 건 태어나면서부터 라고 해도 과언이 아니다.

종로구 장사동에서 태어난 이기숙 명인은 5남매 중 막내로 태어났다. 응용미술을 전공했는데, 실내 디자인과 생활 디자인에 소질이 있어 손으로 만들고 가꾸는 것에 재능이 있었다.

이기숙 명인의 아버지는 늘 집에서 술을 빚었다. 할아버지가 평양에서 하던 것처럼 상업적으로 하지는 않았지만 집안 대대로 내려오는 감홍로와 문배주를 만드는 일을 소홀히 하지 않았다.

양곡관리법이 시행된 지 30여 년이 훌쩍 지난 1980년대 후반이 되어서야 쌀을 사용해서 술을 빚을 수 있는 시대가 되었다. 정부는 서울올림픽 개최를 앞두고 전통주 육성을 하겠다며 정책을 바꿨고, 아버지를 무형문화재로 지정했다. 그리고 아버지는 후계자로 큰 오빠인 이기춘 명인에게 문배주를, 둘째 오빠인 이기양 명인에게 감홍로 제조 기법을 전수했다.

아버지가 1993년에 돌아가시자, 이기춘 명인이 무형 문화재가 된다. 이기양 명인도 대한민국식품명인(제5호)이 되었다. 특히 문배주는 2000년 남북정상회담 만찬에 오를 정도로 대중들에게 인기를 얻는다. 하지만 감홍로의 운명은 달랐다. 감홍로를 이어받아 준비하던 둘째 오빠가 갑자기 세상을 떠난 것이다. 감홍로 주조법을 아는 사람은 이기숙 명인 혼자였다.

오빠들처럼 본격적으로 술을 빚는 삶을 살게 될 줄은 꿈에도 몰랐다. 하지만 자신이 아니면 아버지가 애써 지켜온 감홍로가 문헌으로만 남을 수도 있다는 사실이 더 두려웠다. 그래서 어릴 때부터 아버지를 도우며 만들던 감홍로를 자신이 이어야겠다고 결심한다.

든든한 지원군이 되어준 남편과 함께 본격적으로 감홍로의 대를 잇기로 마음을 먹었지만 막상 시작해보니 아버지 없이 술을 빚는 것은 너무도 힘들었다. 아버지를 도우며 쉽게 하던 일도 혼자 해내려니 우왕좌왕하기 일쑤였다. 특히 술을 발효시킬 때 미세한 온도 차이를 잡아내는 것이 가장 어려웠다.

그는 그제야 왜 아버지가 술독 옆에서 몇 날 며칠을 함께 했는지를 이해하게 되었다. 아버지가 했던 것처럼 날씨가 추워지면 담요를 꺼내 술독을 싸매고, 온도가 높으면 창문을 열거나 통풍을 원활하게 해줄 방법을 고민했다.

아버지가 할아버지께 칭찬받고 싶었던 마음이 성공 비결이었던 것처럼 이기숙 명인 또한 돌아가신 아버지께 '네가 담은 술이 최고야'라는 말을 듣고 싶었다. 아버지께서 작고 하셔서 이제는 그 말을 들을 수 없지만 마음으로라도 그 말을 느끼고 싶은 것이다. 매일 똑같은 작업을 반복하면서도 매번 최선을 다할 수밖에 없는 이유다.

위대함에 이르는 지름길은 없다. 이루고 싶은 마음이 간절할수록 더 신중히 일을 해나가야 한다. 어떠한 일이든 마음이 조급해지면 실수하게 마련이다. 재능이나 능력이 있는 사람도 마찬가지다. 이럴 때일수록 마음을 비우고 문제를 관찰하다 보면 실타래가 풀릴 때가 많다.

일단 일을 해결하기 위한 가장 본질적인 질문을 해보자. 지금 나에게 가장 중요한 일은 무엇인가?

에베레스트를 등반하는 게 평생의 목표인 사람들은 한 번의 등반을 위해 십수 년 동안 준비하고 단련하기도 한다. '남들보다 빨리' 해내는 게 목표가 아니라면 차근차근 오늘 해야 할 일을 해나가는 것이 꿈을 이루는 가장 빠른 길일 것이다. 어떤 이는 지루한 과정 자체를 즐기기도 한다.

더 나은 성과를 내기 위해서는 남보다 반걸음 정도만 앞서도 충분하다. 인생은 생각보다 길다는 것을 기억하자.

술을 담는 그릇에도 진심을 다하다

감홍로를 만드는 공장은 현재 파주에 위치해 있다. 조금이라도 더 아버지와 할아버지가 만들던 술맛 그대로 빚고 싶어 조금이라도 더 북쪽에 위치한 곳 중 물이 가장 깨끗한 곳을 찾았다. 마침 우물 자리가 있던 곳에 운명처럼 공간이 생겼다.

"술을 빚을 때 가장 중요한 것은 '물'입니다."

이곳은 30도가 웃도는 한여름에도 서늘할 정도로 맑은 지하수가 도는 곳이다. 매년 진행하는 수질 검사 때 수질이 조금이라도 좋지 않다는 평을 받으면 그해는 술을 빚지 않는다.

좋은 물과 공간을 확보했다고 해서 편안하게 감홍로를 만들 수 있는 것도 아니다. 술의 맛을 절대적으로 좌우하는 요인은 또 있다.

감홍로를 만들려면 1톤의 쌀이 필요하다. 이기숙 명인은 위대함에 이르는 지름길은 없다.
차근차근 오늘 해야 할 일을 해나가는 것이
꿈을 이루는 가장 빠른 길이다.

술을 빚는 데 쓰는 쌀도 파주에서 재배되는 질 좋은 쌀로만 준비한다. 메조도 필요한데, 최대한 국내산으로만 공수해 사용한다. 이 모든 방식을 지켜 술을 만들려면 경제적 요인이 수반되어야 하는데 이를 감당하기가 보통 어려운 일이 아니다.

지금이야 감홍로가 시판되어 많은 분들에게 알려져 있지만 처음 만들던 당시만 하더라도 판매가 되어 수익으로 돌아오기까지 상당한 시간이 걸렸다. 전통주가 낯선 데다 막걸리나 20도 안팎의 도수가 낮은 소주를 선호하기 때문이다. 그러니 유통도 쉽지 않았고, 감홍로를 만들면 만들수록 적자였다. 몇 달 동안 한 병도 팔리지 않아 국세청에서 탈세로 의심받은 적도 있다.

도수를 낮춰보라는 주위의 권유도 많이 받았다. 하지만 이기숙 명인은 그저 술을 빚으며 자신이 할 수 있는 일에 집중한다. 내가 잘 지키고 있으면 언젠가 꼭 인정받을 수 있을 것이라는 믿음 때문이다.

현재 이기숙 명인이 만드는 감홍로는 '조선무쌍신식요리제법'의 공법과 유사하다. 소주를 두 번 증류한 환소주에 용안육·계피·진피·정향·생강·감초·자초, 7가지 약재를 그대로 넣어 침출한 후 숙성시킨다.

완성된 감홍로는 40도로 도수가 꽤 높은 술임에도 불구하고 약재 향이 어우러져 독특하고 부드러운 맛이 난다. 이렇게 혼합된 약재는 몸을 따뜻하게 보호하는 작용을 하며 혈액순환을 돕는 것으로 알려져 있다.

사실 조선시대에 감홍로는 약으로 사용하곤 했다. 〈식물본초〉에 따르면 감홍로를 구급약으로 상비했다는 기록이 남아 있다(아버지가 술을 빚을 당시에는 8가지 약재를 사용했다. '방풍'이라는 약재가 의약품으로 분류되면서 식품인 감홍로에는 사용하지 못하게 되었다).

이렇게 완성된 감홍로는 잘 만들어진 도자기에 담는다. 술병이 예뻐서 진열만 해두어도 좋겠다는 이야기가 나올 정도다. 그래서 '질그릇의 감홍로'라는 별명이 붙었다.

술은 맛이 변하지 않게 저장하는 방법도 중요한데, 도자기에 넣어야 감홍로의 맛이 가장 잘 유지되기 때문이다. 이기숙 명인은 가격을 낮추기 위해 플라스틱이나 값싼 유리병에 넣어 유통하는 것은 원치 않았다.

감홍로의 술병에는 이름이 없다. 보통 술을 마시면 술병은 쓰레기통으로 가지만 이름을 붙이거나 새기지 않은 감홍로의 술병은 마른 꽃이라도 꽂아 둘 수 있는 화병으로 활용할 수 있다.

사실 술을 제조하는 입장에서는 손해일 수도 있다. 하지만 그는 감홍로를 즐기고 나서 남는 술병도 한 번 더 의미 있

는 일을 할 수 있으니 더 의미가 있다고 생각한다.

술병에는 감홍로라는 이름 대신 집과 날개 문양을 새겼다. 집은 '가정의 소중함과 따뜻함', 날개는 '나비의 창조'를 뜻한다. 즉, '따뜻한 가정에서 창조해 꽃을 피운다'라는 의미로 항상 더 새로운 미래를 향해 준비하고 있다는 마음을 담아 만든 문양이다.

술병을 제작할 당시 이기숙 명인은 질그릇에 담긴 감홍로의 품질이 어느 정도 균일하게 유지되는지를 직접 확인해보고 싶었다. 해외로 나가는 컨테이너 화물선에 감홍로 한 박스를 실어줄 것을 부탁했다.

필리핀, 호주, 미국을 거쳐 한 달 뒤, 컨테이너를 실은 배가 돌아왔다. 과연 술맛은 어떻게 되었을까.

태평양의 뜨거운 열기 때문에 술맛이 변해버리진 않았을지, 떨리는 마음으로 술병을 열어 천천히 술맛을 음미했다.

'우리 감홍로 그 맛 그대로구나.'

잘 만들어진 감홍로의 맛은 도자기에 담았을 때 최고의 저장이 가능하다고 확신한 순간이었다.

결단했다면 과감하게 행동하라

감홍로는 전통 방식 그대로 봄철에 생산한다. 여름에는 너무 더워서 잡균이 번식할 수 있고, 겨울에는 기온이 낮아 발효가 원활하게 일어나지 않기 때문이다. 인위적으로 온도를 조절할 수 있지만 자연환경과 속도에 맞춰 생산하길 고집하고 있다.

매년 봄, 쌀과 메조를 7대3 배율로 각각 씻은 뒤 물기를 빼고 고두밥을 짓는 증자 과정을 진행한다. 이때 쌀과 메조를 따로 찌는데, 각각의 재료가 익는 속도가 다르기 때문이다.

고두밥을 완전히 식혀서 누룩과 함께 버무린 술밥을 15일 동안 익힌 후, 1차 증류에 들어간다. 여기서 깊은 맛을 위해서 1차 증류한 술을 15일 동안 안정화 단계를 거친 뒤, 2차 증류를 한다. 이 과정을 거치면 40도의 높은 도수가 생겨나며 7가지 약재를 넣어 약 3개월간 우려낸 뒤, 다시 1년간 숙성 과정을 거쳐 비로소 감홍로가 완성된다.

이기숙 명인은 아버지가 물려주신 가장 큰 가르침은 '술을 빚는 정성스러운 마음'이라고 말한다. 전통주는 '술을 만든다'라는 표현보다는, '술을 빚는다'라고 표현하는데, 그만큼 술을 완성하기까지 많은 정성이 들어간다.

"아버지는 술에는 사람과 사람을 잇는 힘과
우리의 전통이 깃들어 있다고 생각하셨어요.
평소엔 다정하신 분이었지만 술에 있어서는
무서울 정도로 까다로우셨습니다."

또한 문헌에 근거하는 모든 농산물은 최대한 국내에서 재배한 것을 써야 한다고 생각한다. 무작위적으로 수입 농산물을 사용한다면 전통주를 떠나 제대로 된 한국 식문화를 완성할 수 없기 때문이다. 한국에서 나고 자라는 식재료를 제값 주고 사서 사용하며, 이러한 과정을 거쳐야 농산물의 질도 더 좋아진다. 이런 농산물로 빚은 술의 질도 더 좋아지기에 그의 식재료에 관한 철학은 명확하다.

이기숙 명인이 감홍로를 빚으면서 가장 아쉬운 부분은 메조의 공급이다.

"올해도 메조를 구하기가 너무 힘드네요. 계약 재배를 해보면 어떨까요?"
"그럽시다, 우리 한번 방법을 찾아봅시다."

감홍로에 들어가는 핵심 재료인 메조는 어느 순간 국내에서 생산을 거의 하지 않아 어쩔 수 없이 수입산을 구입해서 사용할 수밖에 없었다. 이 부분이 항상 마음에 걸려 여러 방법을 고민하다 남편인 이민형 대표와 논의 끝에 직접 메조를 재배해보기로 했다.

시간이 날 때면 전국 방방곡곡을 수소문하며 메조를 생산할 수 있는 농가를 찾았다. 마침내 강원도 영월의 한 농가를 만나 첫 계약 재배를 맺었다. 감홍로를 생산하는 제조자 입장에서는 원가가 높아지는 순간이었지만 비로소 이 땅의 재료로 감홍로를 빚을 수 있다는 기쁨에 이기숙 명인의 마음은 뿌듯했다.

이러한 이기숙 명인의 철학 때문이었는지 2014년, 감홍로는 이탈리아 브라Bra에 본부를 두고 있는 비영리 국제기구 국제슬로푸드의 전통음식과 문화보전 프로젝트인 '맛의 방주Ark of Taste'에 등록되어 보호해야 할 한국의 슬로푸드로 지정되었다.

> 조금도 위험을 감수하지 않는 것이
> 인생에서 가장 위험한 일일 것이라 믿는다.
> — 오프라 윈프리

모든 것은 과정이다

감홍로를 만드는 작업은 주로 이기숙 명인과 이민형 대표가 한다. 돈에 현혹될까 싶어 이기숙 명인은 매출과 관련된 모든 일을 멀리한다.

"감홍로를 따뜻하게 마시면 굉장히 맛있어요. 술잔에 감홍로 3분의 1을 넣고, 나머지 3분의 2를 뜨거운 물로 채웁니다. 그러면 도수가 14도 정도로 낮춰지고, 향미가 위로 올라오면서 굉장히 안정감을 줍니다. 천천히 조금씩 한 잔 정도 마시면 누적되었던 피로도 풀리고 상쾌한 느낌이 든답니다."

이기숙 명인은 감홍로를 마시는 방법에 있어서는 전통 방식만 고집하지 않는다. 예전의 맛을 지키며 만들되, 마시는 방법에 대한 다양한 해석은 현 시대의 시점으로 이루어져야 한다고 믿기 때문이다.

"명인님, 전통주를 이렇게 맛보는 건 처음인 듯해요. 감홍로를 즐기는 다른 방법도 있나요?"
"네, 바닐라 아이스크림에 에스프레소 대신 감홍로를 부어서 감홍로 아포카토로 만들어 먹으면 색다르게 즐길 수 있어요."

일반적으로 '명인'이라고 하면 오롯이 오래된 것을 보존하고 지켜나가는 것에만 초점을 맞추는 데 반해 이기숙 명인은 술을 빚는 일 만큼은 전통을 지켜나가면서도 이를 즐

"실험 제조 과정에서 생산 라인으로 바꾸면
맛과 향이 달라집니다.
공장화된 술과 손으로 빚은 술의 맛은
너무나도 다른 거죠."

기는 방법에 있어서는 감홍로의 맛이 변하지 않는 선에서 다양한 시도를 끊임없이 하고 있다.

다만 절대 물러서지 않는 것이 하나 있다. '40도'의 도수다. 이기숙 명인은 앞으로 원료를 더 고급화해서 주질을 향상시킬 방법을 고민하고 있다. 이렇게 만드는 과정은 지루하기도 하고 수익면에서도 쉽지 않다는 것을 누구보다 잘 안다.

감홍로가 알려지면서 많은 기업들이 찾아와 대량 생산을 해보자고 제안했지만 모두 거절했다. 누구나 즐기기 쉽도록 도수를 낮춰 대량 생산을 하면 상업적으로 큰 성공을 거둘 수 있을지도 모른다. 그는 그럴 때마다 독 옆에서 술을 빚던 아버지를 떠올린다.

'아버지라면 어떻게 하셨을까?'

과거의 모습 그대로 술을 빚고 있는 것 자체가 역사가 된다고 믿기에 감홍로의 맛은 절대 변화시킬 수 없다고 판단했다. 많은 학생들이 역사 교육을 통해 감홍로를 알게 되었고, 일반 소비자들도 오래된 것을 잘 지켜왔기에 지금처럼 사랑해주는 것이라는 생각이 들었다.

전통주는 단지 맛있는 술, 쉽게 구할 수 있는 술이 아닌 오랜 세월 동안 애쓰며 지켜온 역사가 담겨 있는 문화 그 자체다. 누군가에게는 달고, 누군가에게는 쓴맛으로 느껴질이 한 잔의 술이 단순히 '맛'만으로 판단되어서는 안 된다고 생각한다. 그래서 더더욱 감홍로의 맛을 지켜야 한다고 말한다.

이기숙 명인은 호흡이 닿는 날까지 감홍로를 빚는 게 꿈이다. 오늘 하는 일을 내일하고, 내일하는 일을 모레 하며 꾸준히 지금까지 해온 일들을 지켜나가는 것이 그의 목표다.

아직 감홍로를 이을 사람은 정해지지 않았다. 하지만 그 다음은 감홍로에 관심이 있는 학생들이었으면 한다. 먼 훗날 이기숙 명인이 세상을 떠난 후에도 감홍로에 대한 문화와 역사가 오래오래 보존되고 이어졌으면 하는 게 그의 마지막 바람이다.

"감홍로는 아버지가 제게 남긴 마지막 선물이에요. 건강이 허락하는 날까지 전통주를 빚으며 살아가고 싶습니다."

위대한 셰프의 생각법

초판 1쇄 발행 2024년 2월 13일

지은이   김한송
펴낸이   이효원
펴낸곳   언폴드

출판등록   제2020-000142호
주소   서울시 마포구 성지길 25-11, 지층 134호
이메일   unfoldbook0@gmail.com
대표전화   0507-1495-0422
인스타그램   @unfold_editor

ISBN   979-11-986328-0-7   03190